Joseph Ratzinger

Benedikt XVI.

# Diener eurer Freude

Joseph Ratzinger
Benedikt XVI.

# DIENER EURER FREUDE

## Meditationen über die priesterliche Spiritualität

HERDER
FREIBURG · BASEL · WIEN

*Den Priestern gewidmet, denen ich*
*als Erzbischof von München und Freising*
*die Priesterweihe spenden durfte*

Joseph Ratzinger
seit dem 19. April 2005 Papst Benedikt XVI.

# INHALT

# Vorwort

Häufig stand ich vor der Notwendigkeit, bei Gottesdiensten in Priesterseminaren oder für Priester über das Priestertum zu predigen. Anstatt dabei immer wieder auf die geläufigen Texte des Neuen Testaments zu diesem Thema zurückzugreifen, schien es mir fruchtbarer, mich der Herausforderung der Perikopen zu stellen, die der jeweilige Tag mir vorgab. Als ich aus einigem Abstand heraus die so gewordenen Texte überlas, schien mir, dass diese Methode fruchtbar war: Neue Zugänge tun sich auf, verschiedene Perspektiven werden sichtbar, und die bei unterschiedlichen Anlässen gewachsenen Gedanken fügen sich zu einer inneren Einheit zusammen. Das ermutigte mich zu dem Wagnis, einige dieser Predigten zusammenzutragen und sie unverändert, wie sie gehalten wurden, einer größeren Öffentlichkeit zu übergeben. Ich hoffe, sie können nicht nur einem neuen inneren Annehmen des priesterlichen Auftrags dienen, sondern auch eine Hilfe zum meditativen Umgehen mit der Heiligen Schrift werden und so Priestern wie Laien eine neue Freude an der Bibel vermitteln.

Vielleicht kann es dem Leser hilfreich sein, wenn ich kurz etwas über Entstehungsort und -zeit der einzelnen Beiträge sage. Die erste hier abgedruckte Predigt reicht weit zurück; sie wurde 1962 – damals am Sonntag Sexagesima, in der Vorfastenzeit – bei einer Primiz im Rheinland gehalten. Durch Zufall kam mir das lange vergessene Manuskript in die Hände, gerade als ich mit dem Gedanken einer solchen Sammlung umging. Ich war überrascht zu sehen, wie es sich völlig in die Gedankenführung der anderen Texte einfügt und wie konstant mein Denken in dieser Zeit des Umbruchs geblieben war. So schien es mir richtig, dieses Wort an den Anfang zu stellen.

Die zweite Predigt wurde am 13. Sonntag im Jahreskreis des Lesejahres C 1986 beim 400-jährigen Jubiläum des Bamberger Priesterseminars gehalten, die dritte tags darauf bei der Vorabendmesse zum Fest des heiligen Johannes des Täufers im Rahmen eines Priestertreffens der Diözese Regensburg. Die vierte und fünfte Predigt habe ich am dritten Sonntag der Osterzeit, gleichfalls 1986, in Toronto vorgetragen; die erste davon im St.-Michaels-College, die zweite im St.-Augustin's-Seminary. Die sechste Homilie endlich entstand im Jahre 1984 für Besuche in den Priesterseminaren zu Dallas (Texas) und St. Paul (Minnesota) in den Vereinigten Staaten.

Da es sich um Meditationen handelt, die als solche keinen gelehrten Anspruch erheben, habe ich auf Anmerkungen ganz verzichtet. Der Leser kann leicht erkennen, dass ich mich für die exegetisch-historischen Auskünfte an den gängigen Kommentaren, besonders dem »NTD – Das Neue Testament Deutsch« und dem großen »Herders theologischen Kommentar zum Neuen Testament«, orientiert habe.

Der letzte hier aufgenommene Text trägt einen anderen Charakter. Es ist die zum Goldenen Priesterjubiläum von Joseph Kardinal Höffner [† 1987] vorgetragene Meditation, die 1983 als Heft 9 der neuen Folge der Kölner

Beiträge erschienen war. Ich habe sie hier angefügt, weil sie die theologischen Grundentscheide verdeutlicht, die das Ganze tragen.

Das durchgehende Motiv aller dieser Betrachtungen ist die Freude, die aus dem Evangelium kommt. So hoffe ich, dass dieser kleine Band ein Stück »Dienst der Freude« sein und damit dem innersten Sinn des priesterlichen Auftrags entsprechen darf.

Rom, am ersten Fastensonntag 1988

*Joseph Ratzinger*

# I
# Immer gibt es Körner, die zur Ernte reifen

*»Ein Sämann ging aus …«*
*(Lk 8,4–15)*

Noch drängten die Volksscharen zu Jesus heran, als er das Gleichnis vom Sämann und der Saat predigte, aber doch müssen schon die ersten Schatten der Enttäuschung und der Ernüchterung sich über die Schar der Seinigen gelegt haben. Denn das Gleichnis weiß schon zu sagen vom Unglauben der Menschen, die hören und doch nicht hören, die sehen und doch nicht sehen. Es muss schon deutlich geworden sein um diese Zeit, dass die Menschen, die dem Herrn noch immer in Scharen nachliefen, in Wirklichkeit unzufrieden waren mit ihm. Dass sie ihn in Wirklichkeit gar nicht wollten, den Messias, der predigte und heilte, der gut war mit den Armen und Schwachen und selbst einer von ihnen war, sondern dass sie sich etwas ganz anderes wünschten: den Helden, der in die Posaune stieß und die Feinde verjagte; den Wunderkönig, der ein Schlaraffenland, eine Art übersteigertes Wohlstandsparadies bringen sollte für Israel. Es muss schon deutlich gewesen sein, dass die meisten, die hinter ihm hergingen, nur Mitläufer waren ohne Wurzel und ohne Tiefe, die ihn verlassen würden bei der ersten heraufziehenden Gefahr.

### *In Angefochtenheit und Mutlosigkeit*

In diese Situation der ersten Enttäuschung, der beginnenden Mutlosigkeit der Jünger hinein, ist das Gleichnis gesprochen. Denn auch die Jünger selbst, die Zwölf, die der Herr in seine nächste Nähe gezogen hatte, mochten sich fragen: Wie soll das weitergehen? Was soll aus dem Werk werden, das sich in Worten und einzelnen Wundertaten erschöpft? Wie soll das Heil Israels entstehen, wenn er nur predigt, Worte macht und da und dort einmal einen Menschen ohne Einfluss und Bedeutung heilt; wenn das Häuflein derer, die zu ihm halten, immer mehr zusammenschmilzt, wenn er Misserfolg hat auch in Gestalt einer immer deutlicher abgelehnten Verkündigung und zunehmender Gegnerschaft in den maßgebenden Kreisen?

In dieser Lage der Anfechtung, der heraufziehenden Mutlosigkeit weist Jesus auf den Sämann hin, durch dessen Arbeit das Brot kommt, wovon die Menschen leben. Auch sein Tun, dies entscheidungsvolle Tun, an dem das Leben der Menschen hängt, scheint wie ein aussichtsloses Unterfangen. Gar zu viele Gefahren stehen dem Wachstum der Saat entgegen: der unbrauchbare, steinige Boden, das Unkraut, das Unwetter – alles scheint seine Arbeit zum Misserfolg zu verurteilen. Wir müssen dabei an die oft fast aussichtslose Lage des Landmanns in Israel denken, der seine Ernte einem Lande abringt, das jeden Augenblick wieder zur Wüste zu werden droht. Und dennoch: Wie vieles auch umsonst getan ist – immer wieder gibt es auch die Körner, die zur Ernte reifen, die durch alle Fährnisse hindurch zur Frucht wachsen und alle Mühsal vielfach lohnen.

Mit diesem Hinweis will Jesus sagen: Alle wahrhaft fruchtbaren Dinge beginnen in dieser Welt im Geringen und im Verborgenen. Und Gott selber hat sich mit seinem Werk in der Welt diesem Gesetz angepasst. Gott selber tritt in dieser Weltenzeit inkognito auf, in der Gestalt der Armseligkeit, der Ohnmacht. Und die Wirklichkeiten Gottes – die Wahrheit, die Gerechtigkeit, die Liebe – sind geringe, getretene Wirklichkeiten in dieser Welt. Dennoch leben die Menschen, lebt die Welt von ihnen und könnte nicht bestehen, gäbe es sie nicht. Dennoch überleben sie, wenn das Lautstarke, das mächtig sich Gebärdende, längst verfallen und vergessen ist. So will Jesus mit seinem Gleichnis den Jüngern sagen: Das Geringe, das hier in meiner Predigt beginnt, wird noch immer wachsen, wenn das, was heute sich groß gebärdet, einmal längst versunken ist.

In der Tat, wenn wir heute zurückblicken, müssen wir sagen: Die Geschichte hat dem Herrn Recht gegeben. Die großen Reiche jener Zeit sind vergangen, ihre Paläste und Bauten vom Staub der Wüste bedeckt. Die Berühmten und Gewichtigen jener Zeit sind vergessen oder leben da und dort als vergangene Größen in Geschichtsbüchern fort. Aber was in dem unbedeutenden Winkel Galiläa geschah, was Jesus mit der kleinen Schar von Männern, von bedeutungslosen Fischern, begann, das ist geblieben, ist auch heute noch Gegenwart: *Sein* Wort ist nicht untergegangen, es wird verkündet in allen Orten der Erde bis in unsere Stunde herein. Das Wort ist gereift, aller Armseligkeit zum Trotz und allen Mächten, die es nach menschlicher Vorhersicht ersticken mussten, zuwider.

## *Sämann des Wortes heute*

In dieser Stunde, in der wir stehen, beginnt abermals ein Sämannsschicksal. Ein junger Mensch hat sich dem Herrn als Sämann des Wortes zur Verfügung gestellt. Und so ist das Gleichnis des Herrn, das Wort der Ermutigung, der Hoffnung und der Freude, auch in diese unsere Stunde gesprochen. Wir alle wissen, dass es auch heute noch, ja, gerade heute wieder, die Anfechtung des Glaubens gibt, die uns überfallen und übermächtigen will, so dass wir fragen: Ist nicht alles umsonst? Wie soll denn die armselige Macht des Glaubens zwischen den riesigen Mächten dieser Welt bestehen? Muss sie nicht einfach zerrieben werden zwischen den Weltmächten des Atheismus, muss sie nicht einfach die Segel streichen vor der Technik und vor der Naturwissenschaft und all ihren Möglichkeiten und Erkenntnissen? Muss sie nicht einfach kapitulieren vor dem Egoismus und der Begehrlichkeit, die übermächtig geworden sind und sich nicht mehr zurückhalten lassen? Und wir möchten fragen: Hat es denn heute noch einen Sinn, Priester zu werden, Sämann des Wortes? Gibt es denn da für einen jungen Mann nicht aussichtsreichere, einträglichere und erfolgreichere Berufe, in denen er seine Begabung besser entfalten kann?

Ist denn das Ganze nicht eine heillos überholte Sache? Ist denn nicht die Zeit vorbei, in der die Gläubigen der Kirche zuliefen? Seht ihr denn nicht, so hören wir die Menschen sagen, wie alles langsam, aber sicher abbröckelt? Wie ihr auf einem verlorenen Posten steht? In der Tat: Noch immer geht Gott inkognito durch die

Geschichte. Noch immer verhüllt er seine Macht im Gewand des Ohnmächtigen. Und noch immer sind die wahren, die göttlichen Werte, die Wahrheit, die Liebe, der Glaube, die Gerechtigkeit die vergessenen und ohnmächtigen Dinge in dieser Welt. Und doch sagt dieses Gleichnis: Seid nur getrost! Die Ernte Gottes wächst. Wie viele es auch Mitläufer gibt, die davonlaufen, sobald es geraten erscheint. Wie viel auch umsonst und vergebens getan ist, irgendwo reift das Wort. Auch heute. Auch heute noch ist es nicht umsonst, dass es Menschen gibt, die es wagen, das Wort zu verkünden und dazusein für das Wort. Die es wagen, sich der Flut entgegenzustellen, der Flut der Selbstsucht, der Begehrlichkeit, der Hemmungslosigkeit, und einen Damm aufrichten dawider. Irgendwo im Stillen reift ihre Saat. Nichts ist umsonst. Im Verborgenen lebt die Welt davon, dass noch immer geglaubt wird in ihr, gehofft und geliebt.

Gewiss, oft genug mag es scheinen, dass der Priester, der Sämann des Wortes, auf verlorenem Posten steht. Dass er ein Scheiternder ist – wie wir es von Paulus in der Epistel gehört haben, der von einer Ausweglosigkeit in die andere fiel. Aber wie dieser Paulus mitten in aller Schwachheit und Anfechtung immer wieder mit seligem Erstaunen die herrliche Güte Gottes erfahren durfte, die ihn in einer geradezu beängstigenden Serie von Katastrophen zu einem Menschen voll Optimismus, voll unverzagter Hoffnung und voller Freude gemacht hat, so wird auch der Priester durch allerlei Enttäuschung hindurch immer wieder mit tiefer Freude erfahren dürfen, dass von seinem armseligen Dienst in einer verborgenen Tiefe die Menschen leben. Dass die Welt davon lebt. Und dass mitten in einer manchmal entmutigenden Saat dennoch Gottes Ernte wächst.

## *Gottes Nähe erkennen*

So ist das Evangelium mit seinem Bild vom Sämann zugleich ein Bild des Priesters, dem es die Not und die Herrlichkeit seines Dienstes sagt. Und es ist so auch rechtes Weggeleit in den Weg hinein, den unser Freund in dieser Stunde beginnt. Es ist zugleich ein Wort der Ermutigung an uns alle, die wir in der Angefochtenheit des Glaubens durch diese unsere Zeit gehen: Es lehrt uns, mitten in dieser Angefochtenheit Gottes Nähe zu erkennen und voll der Freude zu sein in der Gewissheit, dass dennoch, auch durch unser armseliges Glauben und Beten, Gottes Ernte wächst in der Welt und dass das Verborgene stärker ist als das Lautstarke und Große. Und es ist freilich auch ein Wort der Mahnung, das uns besinnlich stimmen soll.

Denn so leicht kommen wir von diesem Evangelium nicht los, dass wir einfach fein säuberlich einteilen: Wir sind die, die auf Gottes Seite stehen, und »die anderen« sind jene, die sein Wort nicht vorankommen lassen. Wer sind denn diese »anderen«? Wir werden uns ganz redlich fragen müssen, ob wir nicht zu einem guten Stück auch selbst dazugehören. Wir werden uns überlegen müssen, ob wir nicht vielleicht selber unter denen sind, von denen Jesus sagt, dass sie ohne Tiefe sind, dass sie dem Felsen gleichen, der keine Wurzeln wachsen lässt. Oder gehören wir – so werden wir uns weiter fragen müssen – vielleicht zu denen, die Jesus Windfahnen nennt, die nicht stehen können, sondern sich einfach vom Strom der Zeit dahintreiben lassen, die dem »man« ausgeliefert sind, der Masse; die immer nur fragen, was »man« tut, was »man« sagt und meint und die nie die Hoheit der Wahrheit erkannt haben, deretwegen es lohnt, gegen das »man« zu stehen?

Oder gehören wir auch nicht allzu oft zu denjenigen, in denen das Wort erstickt wird durch das Gestrüpp der Sorge oder des Vergnügens? Oder zählen wir zu denen, von denen Jesus sagt, dass das Wort gar nicht wirklich in sie eindringt, weil der Teufel es fortnimmt; zu denjenigen also, die auf der Wellenlänge Gottes gar keinen Empfang mehr haben, weil der Lärm der Welt zu laut geworden ist, als dass sie noch durchhören könnten auf das Ewige, das in der Stille spricht; die im Lärm der Zeit kein Ohr mehr haben für Gottes Ewigkeit? Und müssen wir so nicht ernsthaft an die Gefahr denken, wir möchten am Ende zu jenen gezählt werden, von denen Jesus sagt, sie hätten »fruchtlos« – umsonst – gelebt? Die Frucht aber wächst – so sagt es der Herr – in der Geduld, in der Standfestigkeit dessen, der stehen bleibt, wie die Winde der Zeit auch wehen.

## *Weizenkorn Gottes sein*

Wir haben bisher noch einen Satz des Evangeliums übergangen, ein sehr hartes Wort, das in der Mitte steht zwischen dem Gleichnis und seiner Auslegung. Da sagt Jesus zu den Jüngern: »Euch ist es gegeben, die Geheimnisse des Reiches Gottes zu verstehen; den anderen aber werden sie nur in Gleichnissen vorgetragen, damit sie sehen und doch nicht sehen, hören und doch nicht verstehen.« Ein sehr düsteres Wort. Danach sieht es eigentlich so aus, als ob der Sämann des Wortes in Wirklichkeit nur ausgeschickt würde, um nichts zu erreichen, um zu scheitern. Im Hintergrund stehen die Schicksale der großen Propheten des Alten Bundes, dieser Zeugen Gottes, deren Geschick in der Tat das Scheitern war, das Erliegen, das Umsonst ihres Einspruches gegenüber der Macht der Mächtigen dieser Welt – eines Jeremia, eines Jesaja, aus dessen Buch dieses Wort genommen ist (6,9). Will man es verstehen, so muss man über das Lukasevangelium hinausschauen auf das Evangelium des heiligen Johannes, in dem der Satz steht: »Wenn das Weizenkorn nicht in die Erde fällt und stirbt, bleibt es allein; wenn es aber stirbt, bringt es viel Frucht« (12,24). Und im ersten Kapitel wird Christus als das Wort bezeichnet, das am Anfang war, das in die Welt gekommen ist, und die Welt hat es nicht aufgenommen; »denen aber, die es aufnehmen, gab er Macht, Kinder Gottes zu werden« (1,12).

Christus selber ist das Weizenkorn Gottes, das Gott in den Ackerschoß dieser Welt gesenkt hat. Christus selber ist das Wort der ewigen Liebe, das Gott aussät auf Erden. Er ist das Weizenkorn, das sterben musste, um zur Frucht zu reifen. Wenn wir in wenigen Augenblicken zusammen Eucharistie feiern, halten wir Gottes Weizenbrot in Händen: das Brot, das Christus, der Herr, selber ist; die Frucht, die hundertfältig aus dem Tod des Weizenkorns gewachsen und zum Brot der ganzen Welt geworden ist. So ist das Brot der Eucharistie für uns

Zeichen des Kreuzes und Zeichen der großen, freudigen Ernte Gottes in einem: Es blickt zurück auf das Kreuz, auf das Weizenkorn, das starb. Aber es blickt auch voraus auf das große Hochzeitsmahl Gottes, zu dem viele von Ost und West, von Nord und Süd kommen werden (vgl. Mt 8,11); ja, dieses Hochzeitsmahl hat hier, in der Feier der heiligen Eucharistie, schon begonnen, wo Menschen aller Rassen und Klassen Gottes fröhliche Tischgäste sein dürfen.

Es ist der schönste und höchste Dienst des Priesters, dass er Diener dieses heiligen Mahles sein darf, dass er dies Brot der Einheit verwandeln und austeilen darf. Auch für ihn wird dieses Brot eine doppelte Bedeutung haben. Auch ihn wird es zunächst erinnern an das Kreuz: Am Ende muss auch er irgendwie *Weizenkorn Gottes sein*; er kann sich nicht damit begnügen, nur Worte und äußere Handlungen zu geben, er muss ein Stück von seinem Herzblut dazutun – sich selbst. Sein Schicksal ist an Gott gebunden. Was das bedeutet, haben wir in der Epistel gehört. Es bedeutet mancherlei äußere Anfechtung und Misserfolg; es bedeutet auch die innere Drangsal des Zurückbleibens hinter dem Gesollten, die Not des Versagens, das Bewusstsein, nicht wirklich Weizenkorn gewesen zu sein, und vielleicht ist dies sogar das Bedrückendste, Schwerste am Ganzen: die Kläglichkeit des Getanen vor der Größe des Auftrags. Wer es weiß, wird verstehen, warum der Priester vor der Präfation jeden Tag sagt: »Betet, Brüder, dass mein und euer Opfer annehmbar sei bei Gott, dem Allherrscher, dem Vater.« Und er wird mancherlei leichtfertiges Gerede lassen und statt dessen diesen Anruf zum Mittragen der heiligen Gotteslast in seiner ganzen Dringlichkeit vernehmen.

Aber auch für den Priester weist das Weizenkorn nicht bloß auf das Kreuz. Auch für ihn ist es ein Zeichen der Freude Gottes. Weizenkorn sein zu dürfen, Diener des göttlichen Weizenkorns Jesus Christus, kann den Menschen zugleich im tiefsten Herzen froh machen. Mitten in der Schwachheit vollzieht sich der Triumph der Gnade, wie wir es wiederum in der Epistel gehört haben von Paulus, der gerade in seiner Armseligkeit die übergroße Freude Gottes erlebt. Nicht ohne Beschämung erfährt es der Priester, wie durch sein schwaches und geringes Wort Menschen in der letzten Stunde ihres Lebens lächeln können; wie durch sein Wort Menschen wieder den Sinn finden im Ozean der Sinnlosigkeit, Sinn, von dem sie leben können; und er erfährt mit Dank, wie Menschen durch seinen Dienst die Herrlichkeit Gottes entdecken. Er erfährt, wie Gott durch ihn Großes tut, durch seine Schwachheit hindurch, und ist voller Freude, dass Gott ihn, den Geringen, solcher Erbarmung gewürdigt hat. Und indem er Solches erfährt, wird er zugleich inne, dass Gottes fröhliches Hochzeitsmahl, seine hundertfältige Ernte, gar nicht bloß Zukunft und Verheißung ist, sondern schon begonnen hat mitten unter uns in diesem Brot, das er spenden, das er verwandeln darf. Und er weiß, dass Priester sein zu dürfen die größte Zumutung und das größte Geschenk in einem ist.

So können wir es wohl verstehen, dass die Kirche heute den Priester nach der heiligen Kommunion noch einmal beten lässt, was er mit dem Psalmensänger des Alten Bundes jeden Tag beim Stundengebet sagen darf:

»Ich will hintreten zum Altare Gottes, zu Gott, der meine Jugend erfreut« (Ps 42,4). Wir wollen Gott bitten, dass er etwas vom Glanz dieser Freude, wenn es Not tut, immer wieder in unser Leben fallen lässt. Dass er diesem Priester, der heute erstmals hintritt vor Gottes Altar, immer tiefer und reiner das Leuchten dieser Freude geben möge. Dass sie ihm noch immer leuchte, wenn er das letzte Mal hintritt, wenn er hintritt vor den Altar der Ewigkeit, in der Gott die Freude unseres ewigen Lebens, unserer nimmer endenden Jugend sein möge. Amen.

# II
## Sich hineingeben in Seinen Willen

*»Folge mir nach!«*
*(Lk 9,51–62)*

Das Evangelium von der bedingungslosen Jüngerschaft zeigt uns, wer Jesus ist, im Spiegel der Gestalt des Propheten Elija. »Hier ist mehr als Elija!« Was dieses Wort bedeutet, wird hier Schritt um Schritt entfaltet und sichtbar. Jesus erscheint dabei als derjenige, der auf dem Wege ist, »sein Angesicht nach Jerusalem gerichtet«, er geht auf die Tage seiner »Aufnahme« zu. Weil er der ist, der »aufgenommen« wird in Gottes Herrlichkeit, zugleich aber sichtbar gegenwärtig bleiben muss in dieser Welt, darum muss er in den Dienst der Nachfolge rufen.

Nachfolge ist hier nicht gemeint in dem allgemeinen Sinn, in dem sie alle Menschen angeht, nämlich Weggemeinschaft mit dem Herrn zu finden; sie ist gemeint in dem besonderen Sinn, den das Alte Testament von Mose und Elija her vorgezeichnet hat: als Amtsnachfolge, Nachfolge im Auftrag, Hineingenommen-Werden in eine besondere Sendung. Gemeint ist also das, was man später die »apostolische Nachfolge«, das Priestertum der Kirche nennen wird. So ist dieses Evangelium, gerade weil es ganz ein Evangelium vom Geheimnis Jesu Christi ist, zugleich ein Evangelium vom Dienst des Priestertums. Es spricht in dieser Stunde zu uns, in der vor uns die lange geschichtliche Schar derer steht, die diesen Ruf vernommen und angenommen haben: in der uns die Frage der Zukunft und der Ruf der Gegenwart anrühren.

Aber hören wir einfach in dieses Evangelium hinein und folgen wir ihm Schritt für Schritt, wie es vom Hintergrund der Gestalt des Elija her Jesus sichtbar werden lässt und uns anfordert.

### *»Aufgenommen-Werden«*

Da ist zunächst dies Erste, dass Jesus zugeht auf das »Aufgenommen-Werden«, wie Lukas es geheimnisvoll von Elija her formuliert. Denn das Besondere an der Gestalt des Elija, das ihn heraushob aus allen Gottesmännern des Alten Bundes und ihn neben Mose, in gewisser Hinsicht sogar über ihn stellte, war eben dies, dass er nicht, wie alle anderen Menschen, in die Unterwelt, in die Nacht des Todes hinabgestiegen war, sondern dass er hinaufgefahren war, ein Lebender geblieben war im Reich der Lebendigen. Er war einer, der aufbewahrt war für die Stunde des Endes, und wurde darum erwartet für die endgültige Stunde.

Er war ein Aufgenommener, und seine Aufnahme war geschehen in einem feurigen Wagen, durch den die leuchtende und brennende Macht der himmlischen Welt hereinzureichen schien in die unsere, um ihn dorthin zu tragen. »Hier ist mehr als Elija!« Wenn Jesus mehr sein wollte als Elija, dann musste an ihm erst recht »Aufnahme« geschehen; sie musste größer und erregender noch sein als jenes feurige Gefährt, dem Elischa nachblicken durfte.

Und in der Tat, das Evangelium weiß Jesus als einen Aufgenommenen. Aber der feurige Wagen, mit dem er auffährt und dem nun nicht nur Elischa nachschaut, sondern auf den die ganze Geschichte hinschaut (wir hörten es in der Lesung: »Alle werden schauen auf den Durchbohrten«) – dieser feurige Wagen ist freilich ganz anders, als die Menschen es sich vorstellen mochten, die Dramatisches, ein gewaltiges Zeichen von Gott her erwarteten. Die Stationen dieses feurigen Wagens sind: Getsemani, Kajaphas, Pilatus, der Kreuzweg, Golgotha. Das ist Jesu Weise des Aufgenommen-Werdens. Sein Gefährt, mit dem er hinauffährt und gleichsam die Tür des Himmels aufreißt, ist das Kreuz, oder richtiger: die Kraft seiner schöpferischen Liebe, die bis in den Tod hineinreicht und eben damit die Grenze zwischen Himmel und Erde überbrückt. Sein feuriger Wagen ist die Liebe des Kreuzes, und dies ist ein Gefährt, das nicht nur den Elija trägt, sondern das nun für uns alle gebaut ist. Uns alle will er gleichsam auf dieses Gefährt einladen; dort können wir mit ihm aufgenommen werden in die Verheißung des Lebens und in die Überwindung des Todes.

Wenn man so Elija und den, »der größer ist«, vergleicht, dann wird jene seltsame, für Elija selbst unverständlich gebliebene Geschichte begreiflich, als er am Horeb erfahren musste, dass Gott nicht im Feuer und nicht im Sturm, sondern im leisen Wort, im leisen, kaum vernehmbaren Zeichen der Güte und der Liebe ist. Das ist es, was größer ist als der Sturm des Elija, das neue Gefährt, das nicht nur ihn trägt, sondern uns alle. Uns allen wird gezeigt, wie die verschlossene Tür des Lebens sich auftut: wie der Mensch sich nach oben bewegen kann, auf jenen zu, von dem gesagt ist: »In meinem Haus sind viele Wohnungen.«

### *Feuer, das erneuert*

Dann kommt eine zweite Begebenheit: Jesus schickt die beiden Donnersöhne, Jakobus und Johannes, voraus, dass sie in Samaria Quartier machen, auf dem Weg nach Jerusalem. Aber da die Samaritaner Jerusalem ablehnen, gewähren sie natürlich Jerusalempilgern keine Unterkunft. Wieder einmal gilt für Ihn, wie am Anfang, dass »in den Herbergen kein Platz ist für ihn«. Er hat auf dieser Erde keine Stelle, wohin er sein Haupt legen kann; er ist der überall Unerwünschte.

Nun ist ja von Elija überliefert, dass er dreimal über die, die ihm entgegentreten, ihn verhaften wollten, Feuer herabgerufen hat vom Himmel, das sie verbrannte. Es galt als einer seiner großen Machterweise, dass ihm das Feuer vom Himmel als Kraft des Gerichtes zu Gebote stand. So erwarten die beiden Zebedäus-Söhne – eigentlich möchte man sagen: ganz mit Recht –, dass derjenige, der größer ist als Elija, erst recht nun über Samaria Feuer herabruft und das Gericht über die ungastliche Stadt und die Menschen erleben lässt. Aber wiederum ist Jesu Antwort anders. Um sie verstehen zu können, müssen wir hier das Evangelium zusammen lesen mit der Apostelgeschichte, in deren 8. Kapitel uns Lukas die endgültige Antwort Jesu erzählt.

Nach der Hinrichtung des Stephanus musste die junge christliche Gemeinde aus Judäa fliehen. Sie begann, Weltkirche zu werden, indem sie ins bisher Unbekannte und Unwegsame hinein musste. So kommen Boten, kommt der Diakon Philippus nach Samaria, verkündet das Wort von Jesus, und die, die den irdischen Jesus nicht aufgenommen hatten, sagen nun Ja zu ihm; sie öffnen sich der Botschaft des Glaubens. Voll Freude kann Philippus in Jerusalem berichten: Samaria hat den Glauben angenommen. Nun wird wiederum Johannes, diesmal mit Petrus zusammen, hingehen; sie legen den gläubig Gewordenen die Hände auf und spenden den Heiligen Geist. Sie lassen Pfingsten werden dort – und dies ist das Feuer, mit dem Jesus antwortet: das Feuer von Pfingsten, der Feuerbrand seines verwandelnden Wortes, in dem die Kraft seiner Erbarmungen und seiner Erneuerung da ist, und Menschen, die gegeneinander standen, öffnet, dass sie von ihm her einander zugetan seien. Sein neues Feuer ist nicht zerstörend.

Das Feuer, das er in der Welt entzünden wollte, ist Kraft des Heiligen Geistes. Dies ist das Feuer, das von seinem Feuerwagen des Kreuzes kommt, die Menschen aufschließt und ihnen neue Hoffnung, neuen Weg, neues Leben gibt. Und wieder: Wie leise ist scheinbar sein Feuer gegenüber der vernichtenden Macht des Elija, und wie viel größer ist es. Denn geringe Macht ist es, vernichten zu können. Das geht sehr leicht. Die eigentliche Macht ist, aufbauen zu können, Leben zu geben, Herzen zu öffnen, zu verwandeln. Dies ist Jesu Feuer, sein Gericht des neuen Lebens.

## *Heraustreten aus dem Eigenen*

Schließlich kommt daraus das Dritte, die Nachfolge. Es sind drei Männer, denen Jesus hier begegnet, und in ihren wie in seinen Antworten spiegelt sich, was Nachfolge heißt, was Priestertum bedeutet. Da ist zunächst schon auffällig, dass Jesus demjenigen, der sich an ihn herandrängt und selbst in die Nachfolge will, eine abweisende Antwort gibt. Das will sagen: Nachfolge, oder nennen wir es ruhig mit dem rechten Namen: Priestertum, kann man sich nicht selbst heraussuchen. Man kann es sich nicht ausdenken als eine Art, wie man in seinem Leben Sicherheit erlangen, sich sein Brot verdienen, eine soziale Stellung erreichen kann. Man kann es sich nicht einfach wählen als etwas, womit man Sicherheit, Freundschaft, Geborgenheit findet; wie man sich sein Leben bauen möchte. Es kann niemals bloß eigene Versorgung, eigene Wahl sein. Priestertum, wenn es recht ist, kann man sich nicht selbst geben, auch nicht selbst suchen. Es kann nur Antwort auf *seinen* Willen und auf *seinen* Ruf sein.

Es verlangt immer dies, dass wir aus unserem bloß eigenen Wollen, aus der bloßen Idee der Selbstverwirklichung und dessen, was wir aus uns machen könnten und haben wollten, heraustreten und uns hineingeben in einen anderen Willen, um von ihm uns führen zu lassen – auch führen zu lassen, wohin wir nicht wollen. Wenn dieser Grundwille nicht da ist, in einen anderen Willen einzugehen, mit ihm eins zu werden, sich führen zu lassen, wo wir es nicht ausgerechnet hatten, dann ist der priesterliche Weg nicht beschritten und könnte nur zum Verhängnis werden. Priestertum beruht darauf, diesen Mut des Ja zu einem anderen Willen zu haben, Antwort zu geben auf den Ruf des anderen, um freilich darin Schritt um Schritt immer mehr die große Gewissheit zu empfangen, dass wir, hineingegeben in diesen Willen, nicht vernichtet, nicht zerstört werden, sondern auch in allen Führungen, die uns quer liegen, erst recht in die Wahrheit unseres eigenen Seins hineinkommen. Denn so sind wir näher an uns selbst, als wenn wir uns nur selber festhalten. Ihm nachfolgen – dieses Ja geben: »Ich bin da, ich bin bereit« – ist also immer ein österliches Geschehen. Es hat mit der Nachfolge des Kreuzes zu tun, mit dem Heraustreten aus dem Eigenen, mit dem Durchkreuzen-Lassen des Bloß-sich-selbst-Mögens und Sich-selbst-Besorgens, mit unserem Freiwerden durch den Sprung ins Unbekannte des anderen Willens hinein, das uns doch das letztlich Bekannte ist. Wir kennen es aus dem Kreuz und der Auferstehung Jesu Christi als den Willen und die Macht, die in Wahrheit die Welt und uns alle trägt.

## *Die Stunde lässt sich nicht verschieben*

Der zweite Mann, dem der Herr begegnet, macht Einwendungen, die zweifellos vernünftig sind. Er möchte noch abwarten, bis sein Vater stirbt und solange die eigenen Angelegenheiten betreiben, damit alles in Frieden abgewickelt, zu Ende geführt und in guter Ordnung woanders hin übergeben werden kann. Hernach will er zu Jesus kommen. Aber wer weiß, wann das sein wird! Wird dann noch in ihm die Kraft sein, aufzustehen und Jesus zu folgen? Hier wird uns deutlich: Das Ja zum Ruf

Jesu hat Priorität und verlangt Totalität. Das heißt: Es hat Vorrang und verlangt die Ganzheit unseres Seins. Man kann nicht bloß ein Stück seiner selbst, ein Stück seiner Zeit und seines Willens anbieten. Dann hat man diesem Ruf nicht geantwortet, der so groß ist, dass er wirklich ein ganzes Leben einfordert und erfüllt, aber eben auch nur dann erfüllt, wenn es ganz hingehalten ist.

Das heißt aber eben auch: Es gibt den Augenblick Jesu Christi, und den kann man nicht verschieben und rechnen und sagen: »Ja, ich will schon einmal, aber jetzt ist es mir noch zu gefährlich. Jetzt will ich noch dies und jenes tun.« Man kann den Augenblick seines Lebens verpassen, und gerade mit solcher Vorsicht das Eigentliche seines Lebens verspielen, das dann nicht mehr einzuholen ist. Es gibt die Stunde des Rufes, in der die Entscheidung da ist, und dann ist sie wichtiger als das, was wir uns noch ausgedacht haben und was an sich auch ganz vernünftig ist. Die Vernunft Jesu und sein Ruf haben Vorrang; sie kommen zuerst.

Dieser Mut, das uns vernünftig Scheinende zurückzustellen vor dem Größeren, der er ist, ist nicht nur im ersten Augenblick, sondern immer wieder auf allen Stücken des Weges entscheidend. Nur so kommen wir wirklich in seine Nähe hinein.

### *Mut haben, dem Feuer nahe zu sein*

Der dritte Mann in dieser Szenerie will ebenfalls noch Dinge regeln, die da zu Hause zu regeln sind. Auch er hat noch nicht gleich so ganz Zeit, aber auch ihm wird gesagt: »Ganz brauche ich dich.« Priestertum gibt es nicht halbzeitlich und nicht halbherzig. Es ist etwas, das den Menschen braucht, der sich gibt, und nicht ein Stück seiner Zeit, seines Vermögens.

So sind wir noch einmal zu Elija hingeführt, zu dem großen Bild, in dem doch eigentlich dies Ganze zusammengefasst ist: Elischa möchte sein Nachfolger werden. Und Elija sagt zu ihm: »Das ist schwer! Du kannst es nur, wenn du imstande sein wirst, dabeizustehen, wenn ich aufgenommen werde; wenn du dem Feuer nahe sein kannst.« So geschieht es dann.

Was wir von den Nachfolgeworten Jesu gehört haben, übersetzt diese Worte des Elija ins Praktische: Nachfolgen erfordert, dass wir den Mut haben, bei seinem feurigen Wagen zu stehen; dass wir den Mut haben, dem Feuer nahe zu sein, das er gekommen ist auf die Erde zu werfen, damit es brenne. Es gibt ein bei Origenes überliefertes Jesuswort: »Wer mir nahe ist, ist dem Feuer nahe.« Wer nicht gebrannt sein will, der wird vor ihm zurückschrecken. Zum Ja der Nachfolge gehört der Mut, sich brennen zu lassen von dem Feuer der Passion Jesu Christi, das zugleich das rettende Feuer des Heiligen Geistes ist. Nur wenn wir den Mut haben, diesem Feuer nahe zu sein, wenn wir selbst uns zu Brennenden machen lassen, dann können wir auch auf dieser Erde sein Feuer entzünden, das Feuer des Lebens, der Hoffnung und der Liebe.

Dies ist im Grunde immer wieder der Kern des Rufes: dass wir bereit sein müssen, uns von ihm brennen, zu Brennenden machen zu lassen, deren Herz brennt von der Kraft seines Wortes. Wenn wir lau und langweilig sind, können wir in dieser Welt keine Feuer entzünden, keine Kraft der Verwandlung geben.

### *Freude verkünden*

Aber da ist dann noch ein Wort, wo er sagt: »Lass die Toten ihre Toten begraben, du aber geh und verkünde das Evangelium, verkünde die frohe Botschaft!« Die Arbeit in dieser Welt um die Habe und den Besitz ist im Grund Sorge um das Tote. »Du aber tritt heraus aus der Totenarbeit dieser Welt und verkünde die Freude« – das ist der eigentliche Kern des Rufes, den der Herr an die richtet, die sein Wort weitertragen sollen. Die Freude verkünden – deswegen hat ja Paulus die Diener des Evangeliums »Diener eurer Freude« genannt. So viel hier von der Passion Jesu die Rede ist, gerade von ihrer Mitte geht die eigentliche Freude aus. Dass unser Sein in der Welt nicht ein Leben zum Tod, nicht ein Leben aus dem Nichts und ins Nichts ist, sondern ein Leben, das von Anfang an von einer unendlichen Liebe gewollt ist und auf sie zugeht – das zeigt sich auch im Feuerwagen Jesu Christi. Diese seine Freude finden wir, wenn wir den Mut haben, uns brennen zu lassen von der Botschaft des Herrn. Und wenn wir sie gefunden haben, dann können wir brennen machen, weil wir dann Diener der Freude sind inmitten einer Welt des Todes.

Wir wollen den Herrn bitten, dass er in uns dieses Licht, den Feuerbrand seiner Freude aufgehen lässt. Wir wollen ihm danken dafür, dass in all diesen 400 Jahren immer wieder hier [im Bamberger Priesterseminar] Menschen die Hand an den Pflug gelegt haben, ohne zurückzuschauen. Wir wollen ihn bitten, dass er auch in dieser Stunde viele findet, die ihm ihr ganzes Ja geben. Wir wollen ihn bitten, dass er uns den Mut schenkt, die Hand an den Pflug zu legen, um Diener seiner Freude zu werden in dieser Welt. Amen.

# III
## Ihm das Ganze zutrauen

### *»Und viele werden sich freuen ...«*
### *(Lk 1,5–17)*

### *Gehörtes und erhörtes Gebet*

»Deine Gebete sind erhört worden«, sagt der Erzengel Gabriel zu Zacharias in dem Augenblick, in dem er ihm die Geburt seines Sohnes, des Täufers Johannes, ankündigt. Ich glaube, dieser Satz kann uns in vielfältiger Weise nachdenklich machen. Die Geburt dieses Sohnes, der zugleich die Wende der Zeit, die Erlösung der Welt einleitet, ist Erhörung von Gebeten eines Menschen. Sie geschieht als Antwort auf das Rufen, das von Menschen zum Herrn ergangen ist. Das Gebet geht nicht ins Leere hinein; es ist auch nicht nur so etwas wie eine Art Psychotherapie, mit der wir unsere seelischen Kräfte sammeln und wieder in Ausgleich zu bringen versuchen; nicht eine Art von bloßer Fiktion, um ein seelisches Exerzitium und Beruhigung zu gewinnen. Das Gebet zielt auf Wirklichkeit. Es wird *ge*hört und *er*hört. Gott also ist einer, der die Macht, die Fähigkeit, den Willen und die Geduld hat, den Menschen zu hören. Er ist so groß, dass er auch für das Kleine dasein kann. Und obwohl die Welt ihre festen Ordnungen hat, ist sie nicht so, dass sie der Macht der Liebe, die Gottes Macht ist, entzogen wäre. Gott kann antworten.

Wir können vielleicht sogar noch einen Schritt weitergehen und sagen, dass das Wirken Gottes immer

Antwort auf solches betendes Rufen des Menschen ist. Nicht deswegen etwa, weil Gott eben die Manier eines großen Herrn hätte, der gebeten sein möchte, bevor er etwas gibt. Nein – von innen her muss es so sein, weil nur dort, wo der Mensch ein Betender wird, wo er sich überschreitet, wo er sich aufgibt, wo er Gott als Wirklichkeit wahrnimmt, sich für ihn öffnet, überhaupt die Tür der Welt für Gott aufgeht und der Raum entsteht, in dem er für uns Menschen und an uns handeln kann. Gott ist ja immer bei uns, aber wir sind nicht immer bei ihm, sagt der heilige Augustinus. Erst wenn wir seine Gegenwart annehmen, indem im Gebet unser Sein sich auf ihn hin öffnet, kann Gottes Wirken wirklich Handeln an uns und für uns Menschen werden.

### *Beten – ein Weg für uns selbst*

Noch etwas scheint mir an diesem Satz bedenkenswert, nämlich die Frage: Was hat wohl Zacharias gebetet? Er war alt, seine Frau unfruchtbar. Als der Engel ihm den Sohn verhieß, da wehrte er das als etwas Unsinniges ab, das er von Gott nicht erwartet; als etwas, das er gleichsam nicht in das sinnvoll zu Erbittende hineinstellt. Daraus können wir sehen, dass er offenbar seit langem nicht mehr um einen Sohn gebetet hat, sondern um mehr, um Größeres, um das, was die Bibel die Tröstung Israels nennt, die Erlösung der Welt.

Zacharias gehört ganz offensichtlich zu denen, von denen Lukas bei der Beschreibung des gerechten Simeon sagt: Er warte auf Israels Tröstung (Lk 2,25). Das Nämliche sagt er von den beiden Emmausjüngern. Als Zacharias jung war, hatte er gewiss auch um einen Sohn gebetet. Dann war die Zeit gekommen, wo er sich selbst unwichtig zu werden anfing, nicht mehr nach sich fragte; aber auch nicht in Bitterkeit und Resignation verfiel, als ob ihn die Welt nichts mehr angehe und Gott, der ihn nicht erhört hatte, ihm gleichgültig sein könne. Sein Leben war freier, größer und reicher geworden. Er hatte Gott nun nicht weniger, sondern mehr zugetraut; ihn um die göttliche Gabe, um die Rettung Israels und darin – das ist von der Schrift her mit eingeschlossen – um die Rettung der Welt gebeten.

Ich glaube, von daher können wir selbst beten lernen; nicht nur den Mut des Betens uns neu geben lassen, sondern auch eine Erziehung im Gebet empfangen. Gewiss – Gott ist gut, er ist auch für das Kleine und die Kleinen da. Deswegen dürfen wir – ohne uns zu schämen – ihm auch unsere ganz persönlichen, kleinen, für uns doch so großen und bewegenden Dinge vortragen. Aber zugleich muss Beten ein Weg für uns selbst werden, in dem wir allmählich mehr zu sehen lernen. Es darf nicht darin enden, dass wir uns in unserem Egoismus abkapseln. Durch Beten müssen wir freier werden; uns weniger wichtig und Ihn wichtiger nehmen, und so zum Eigentlichen des Betens finden: Gott um das Heil der Welt zu bitten – auch heute. Auch heute müssen wir ihm zutrauen, dass er – und er allein – imstande ist, in dieser Stunde der Welt Heil zu geben. Wo wir als Christen von dieser Überzeugung abrücken und der Meinung sind, das müssten schon wir selbst machen; wo wir Gott nichts mehr zutrauen, ihn höchstens noch ins Private hineinlassen, da allerdings wird die Tür für ihn geschlossen; die Welt wird unregierbar und unheilbar. Ihm das Ganze zutrauen, ein Leben lang beten lernen und beten wagen – das ist es, wohin diese biblischen Worte uns führen wollen.

Wir können also sagen: Dieser Zacharias ist eigentlich in diesem einen Satz beschrieben: Er ist ein betender Mensch. Und das heißt: Er ist ein glaubender Mensch. Und das wieder heißt: Er ist ein hoffender Mensch. Oder anders gesagt: Er glaubt nicht bloß, dass es irgendwo vielleicht schon ein höheres Wesen gibt, von dem er ansonsten nichts weiß und das sich nicht bemerkbar macht; sondern er glaubt daran, dass Gott Gott ist und dass wir darum hoffen dürfen. Er glaubt daran, dass Gott Gott ist; und das heißt, dass ihm die Welt weder gleichgültig noch aus den Händen gefallen ist. Es bedeutet, dass wir sie nur auf ihn hin öffnen müssen, weil er handeln will und handeln kann, auch wenn er es anders tut, als wir in unseren Gebeten es erdachten. Er hat es anders getan, als der junge Zacharias es erwartete, und noch einmal anders auch, als der späte es erwartete. So sehr anders, dass Zacharias zunächst verstummen musste, um Gottes Sprache neu zu lernen.

## *»Ich lasse dich nicht …«*

Wenn wir bei solchem Nachdenken ein wenig sehen, was dies für ein Mensch war, dann wird die Notiz erst vollends wichtig, dass er Priester gewesen ist; dass auch seine Gattin eine Tochter Aarons war; dass folglich Johannes der Täufer Priester gewesen ist. Priester und Prophet stehen nicht einander im Wege, sondern gemäß Gottes Willen ist der letzte Prophet des Alten Bundes, der große Prophet des Neuen Bundes ein Priester gewesen. Darin zeigt sich die Einheit von Gottes Handeln; sie zeigt sich konkret als Einheit von Priestertum und Prophetie. Priestertum ist demgemäß zuallererst nicht ein Bündel von Aktivitäten, es ist eine Anforderung an unser Sein, eine Weise zu leben. An Zacharias wird sie deutlich: Er ist ein Mensch, der mit Gott im Gespräch steht; ein Mensch, für den Gott Wirklichkeit ist; ein Mensch, der ihm glaubt und der ihm traut und der durch alle Verwandlungen seines Lebens hindurch davon nicht ablässt, mit Gott zu ringen und ihn in allen Niederlagen, die ihm widerfahren, festhält. »Ich lasse dich nicht, du segnest mich denn.«

Wenn uns heute manchmal Priestertum und Prophetentum als Gegensätze hingestellt werden: das Priestertum als das Erstarrte und Institutionelle, das Prophetentum als das Freie, Aufbauende und Erneuernde; wenn man nebeneinander stellt Kult und soziales Handeln – Kult wieder als bloßen Pomp, in dem der Mensch sich festmacht und selber festhält, und soziales Handeln als Befreiung und Erneuerung der Welt –: Hier sehen wir, dass es nicht so ist. Nur Prophetie, die aus dem Berührtsein von Gott, aus dem »Zuerst« Gottes kommt, kann wirklich von Gott sein. Umgekehrt gilt, dass auch Priestertum nur recht ist, wenn es zur Verkündigung und so zur Verwandlung der Welt aus der Kraft des Gebetes heraus wird, das sich weiter erstreckt als alle unsere Handlungen, nämlich immerfort die ganze Welt umgreift, die wir dann mit umgreifen können, wenn wir sie von Gott her ansehen und berühren.

Deswegen sind solche Gegensätze irreführend und lassen uns Priestertum und Prophetentum beide nicht mehr recht begreifen. Gewiss, es gibt eine Entartungsform des Priestertums, eine Gefahr – im Alten wie im Neuen Testament –, wie es Entartungen der Prophetie gibt. Im Alten Testament wird die falsche Prophetie nicht weniger hart von den Propheten angeklagt als das Priestertum. Priestertum verfällt dann, wenn es nur noch als eine Gelegenheit angesehen wird, sich sein Geld zu verdienen; wenn es nur noch Job ist, durch den wir einen Posten in der Welt haben und uns durchschlagen, eine soziale Position; wenn Gott uns ein Mittel für uns selbst wird. Dann freilich ist es zur Karikatur geworden, und so wird es zum Gegensatz gegen den Aufbruch des Neuen Bundes und gegen die Botschaft Jesu Christi. Aber diese Versuchung gibt es zu allen Zeiten. Es steht nicht gegeneinander Priestertum und Prophetie; es stehen gegeneinander falsches Priestertum und falsche Prophetie gegen deren rechte Gestalt. So gesehen wird dieses Evangelium viel eindringlicher, als wenn es uns nur eine von zwei Ordnungen ablehnen ließe und wir uns dann selbst lobpreisen könnten, dass wir auf der richtigen Seite stehen.

Damit wird der Text zur Gewissensfrage an uns, wie es mit uns selber steht. Im alten Rituale der Priesterweihe stand der beunruhigende Satz: »Sat periculosum est hoc – Höchst gefährlich ist es, was ihr da anfangt!« Haben wir dieses Wissen eigentlich in unser Leben hineingenommen? Ist es uns klar: Mit Gott direkt und täglich zu tun zu haben, dies zum Beruf zu haben, kann gefährlich sein, weil das heißen kann, dass uns Gottes Nähe zur Selbstverständlichkeit wird. Das Erschrecken davor muss uns immer wieder neu herausfordern, die Demut des Glaubens, das Wagnis des Dienens auf uns zu nehmen. Betende, glaubende und hoffende Menschen müssen wir sein.

### *Was wir tun sollen*

Wenn so das *Sein* des Priesters vor seinem Tun steht, so öffnet sich in den Engelsworten doch auch die Antwort auf die Frage, was wir Priester *tun* sollen. Das Tun des Johannes steht nun vor uns als eminent priesterliches Tun, als Zusammenfassung von Priestertum und Prophetie des Alten Bundes. Und beides gehört im neutestamentlichen Priestertum endgültig ineinander. In dieser Verbindung öffnet sich das Wesen des neutestamentlichen Priestertums. Das, was also nun getan werden soll, wird in dem Satz zusammengefasst, »dem Herrn ein rechtes Volk zu bereiten« (Lk 1,17).

Ich glaube, wir alle können, jeder auf seine Weise, nachdenken, wie dies geschehen soll. Der Text selbst gibt uns verschiedene Fingerzeige, aus denen ich nur den einen oder anderen herausnehmen möchte.

Der erste ist, dass da gesagt wird: Er soll den Menschen zu Gott führen. Darum geht es in der Tat immer wieder, dass wir Glauben erwecken, dass wir aus der Trägheit und aus der Verzweiflung herausführen und den Menschen durch unser Glauben den Mut machen, Gott als Wirklichkeit in dieser Welt und im Leben anzusehen. Nur, wo dies der Fall ist, kann die Welt leben und bestehen.

Dann wird ein Zweites gesagt, das allerdings schwer zu übersetzen ist. In unserer Einheitsübersetzung steht: Er wird die Ungehorsamen zur Gerechtigkeit führen. »Apeitheis«, heißt es im Griechischen, »en phronesei dikaion«. Man kann auch übersetzen: Er wird die Ungläubigen zur Gesinnung der Gerechten (zur Klugheit der Gerechten) führen. Und endlich könnte man übersetzen: Er wird die Rebellierenden zur Vernunft des Rechts bringen. Alles das greift ineinander. So wird hier aber etwas sehr Wichtiges sichtbar: nämlich dass Glaube nicht irgendeine hinterwäldlerische Idee ist, die wir uns zu den realen Erfahrungen noch hinzumachen und zu unserem geistigen Gepäck nehmen; und dass die Rebellion, das Selbermachen (»die bessere Welt bauen«) nicht der letzte Schrei der Vernunft ist, sondern dass im Gegenteil der Rebellierende und nur Selbermachende der Unverständige ist, der nicht wahrnimmt, wer er ist und was die Welt ist. Glaube ist nicht eine abstruse Philosophie, sondern das Hinfinden zur Klugheit, zur Verständigkeit, zur Sachlichkeit, zur Wahrnehmung der ganzen Wirklichkeit.

Ich glaube, diesen Mut sollten wir auch wieder neu finden: Glaube als die wirkliche Sachlichkeit zu erkennen, als die Verständigkeit, die die Welt in ihrer wahren Sprache annimmt. Unser ganzes eigenes Sein sagt uns doch, dass wir uns weder selbst gemacht haben noch selbst machen können. Dass wir voneinander und letzten Endes alle miteinander von dem abhängig sind, was nicht in unseren Händen steht. Wenn wir wachen Herzens sind, können wir durch alle Verdunklungen der Welt und des Selbstgemachten hindurch wahrnehmen, dass dieses rätselhafte Andere, das sein Gesicht in Jesus Christus gezeigt hat, nicht ein gefährlicher Dämon ist, sondern der lebendige Gott, der uns liebt und für uns eintritt. Glaube ist Hinführung zur wirklichen Sachlichkeit. Moralisch und gläubig sind wir nur dann, wenn wir uns nicht bloß von irgendeiner großen Idee mitreißen lassen, sondern wenn wir nach der rechten Sachlichkeit fragen und ihre Nüchternheit festzuhalten den Mut haben.

Dies war eine der großen Aufgaben des Täufers in seiner Zeit: Gegenüber den schwärmerischen Befreiungsbewegungen, die da waren und denen es am Schluss gelang, Israel vollends zu zerstören und für fast 2000 Jahre von der Landkarte verschwinden zu lassen, den Mut der Nüchternheit und der Sachlichkeit auszurufen; den Menschen die Kraft zu geben, vom Blick auf Gott her die Geduld der Vernunft auszuhalten.

## *Frieden stiften*

Kommen wir noch zu einem anderen, sehr merkwürdigen Wort dieses Evangeliums: Er (Johannes) ist gerufen, das Herz der Väter wieder den Kindern zuzuwenden (Lk 1,17). Das heißt: Er ist in einer Friedensmission da. Jeder Priester ist in der Tat mit einer Friedensmission beauftragt. Denn nur wo Friede ist, kann ein Raum für Gott sein. Johannes ist gerufen, den Frieden in den Familien, den Frieden zwischen den Generationen und von daher den Frieden mit Gott zu stiften oder wenigstens darauf hinzuwirken.

Aber wie entsteht Friede? Nicht durch Demonstrationen und Parolen, schon gar nicht durch Gewalttätigkeit und durch einen Moralismus, der sich von der Sachlichkeit löst und damit die Grundlagen der Moral zerstört. Ein Volk kann sich ganz ohne einen Krieg von außen von innen her selber zerstören, indem es die Versöhnungsfähigkeit, die Friedensfähigkeit verliert, wenn es nämlich nicht mehr an die Kraft des Guten glauben kann und dann nur noch die Sprache der Gewalt kennt, die die Sprache der Zerstörung ist. Der Priester ist dazu da, Bote des Friedens zu sein, indem er den Menschen den Mut des Versöhnens gibt. Den kann er ihnen allerdings nur geben, wenn er ihr Herz dahin öffnet, dass es angerührt werde von Gottes eigenem unermesslichem Vergeben.

Es berührt mich immer von Neuem tief, dass die vorletzte Vaterunser-Bitte – vergib, wie wir vergeben haben – die einzige ist, die der Herr mit einem Kommentar versehen hat, der eine Forderung ist, »wie wir vergeben haben«. Wenn ihr einander nicht vergebt – das ist hier eingeschlossen –, wie soll der Vater euch vergeben? Aber in unserem Text ist vor allem die andere Seite – die eigentlich menschliche an dieser Sache – angesprochen: Die Urzelle alles menschlichen Miteinanders ist die Familie. In ihr müssen die Grundbeziehungen des menschlichen Miteinanders und so auch die Fähigkeit zur Gottesbeziehung erlernt werden. In ihr, nur von ihr her, kann das Miteinander der Liebe das Gegeneinander des Andersseins zu wahrer Gemeinsamkeit überwinden.

In ihr müssen die Generationen sich verstehen lernen: An der Rettung der Familie hängt die Friedensfähigkeit eines Volkes. Wenn die Familie nicht mehr Mann und Frau, Alt und Jung zueinander vermittelt, verkehren sich die Grundbeziehungen der Menschen in einen Kampf aller gegen alle. Deswegen ist die Zuwendung der Väter zu den Söhnen die Voraussetzung für das Anfangen des messianischen Friedens. Und das Zerstören der Familien ist daher das sicherste Kennzeichen für den Antichrist, den Friedenszerstörer unter der Maske dessen, der Befreiung und Frieden bringt.

Unter Experten ist die Frage gestellt worden: Ja, wer muss sich eigentlich da bekehren? Die Väter zu der Jugend? Oder die Jugend zu den Vätern? Darüber kann man natürlich viel diskutieren. Aber ich glaube, wenn wir den Text des Evangeliums samt seiner alttestamentlichen Vorgeschichte richtig lesen, dann wird doch klar: Nicht die einen müssen sich zu den anderen, sondern beide müssen sich bekehren, indem beide neu den Mut haben, an Gott zu glauben. So allein lernen sie, einander zu verstehen und anzunehmen. Nur durch die Bekehrung des Herzens zu Gott hin kann der Mut des Miteinanders, das Vertrauen in den Menschen und so die Fähigkeit, ihn zu lieben und seine Andersheit auszuhalten, entstehen.

## *Voll Jubel und Freude*

Zum Schluss möchte ich noch kurz auf ein weiteres Wort aus diesem Evangelium hinweisen, das wiederum der Engelsbotschaft entnommen ist: »Große Freude wird dich erfüllen«, sagt der Engel zu Zacharias, »und viele werden zur Freude kommen« (Lk 1,14). Wo Jesus in die Nähe kommt, da entsteht Freude. Lukas, der Evangelist, der sein Evangelium und die Apostelgeschichte so bedachtsam komponiert hat, hat diesen Faden nicht aus dem Auge verloren. Der letzte Satz des Evangeliums sagt uns nämlich: »Als die Jünger den Herrn hatten auffahren sehen, da gingen sie weg, das Herz voll Freude« (Lk 24,52).

Die Apostelgeschichte nimmt das noch einmal auf: »Sie feierten zusammen das Mahl des Herrn und taten es voll Jubel und voll Freude« (Apg 2,46). Sie gingen weg, als sie den Herrn hatten auffahren sehen – das Herz voll Freude. Rein menschlich würden wir erwarten: voll Verwirrung. Nein, wer den Herrn nicht nur von außen gesehen hat; wer sich sein Herz von ihm berühren ließ; wer den Gekreuzigten angenommen hat und, eben weil er den Gekreuzigten angenommen hat, die Gnade der Auferstehung kennt, der muss voller Freude sein. Im Annehmen des Kreuzes wird die Auferstehung sichtbar und die Welt neu, das Herz voll Freude. Wenn wir dies hören, merken wir, wie weit wir noch vom Herrn entfernt sind, von dem Augenblick, mit dem Lukas sein Evangelium schließt.

Wir wollen den Herrn bitten, dass er uns anrühre und uns seine Nähe schenke und dass es wahr werde auch bei uns: »Große Freude wird dich erfüllen, und viele werden voll Freude sein.« Amen.

# IV
# Ohne Ihn ist alles vergeblich

## *»Ich gehe fischen«*
## *(Joh 21,1–14)*

Selten spürt man in einem biblischen Text so unmittelbar die österliche Freude der Jünger Jesu wie in dem Evangelium von der Erscheinung Christi am See von Tiberias. Die Frische des Morgens am Galiläischen See lässt uns etwas empfinden von der morgendlichen Freude der werdenden Kirche, in der alles Ausfahrt, Beginn, Hoffnung ist. Der weite See, dessen Wasser am Horizont mit dem Blau des Himmels verschwimmen, wird zum Bild für die offene Zukunft der Kirche, in der sich in der Ferne Himmel und Erde berühren; man kann getrost und voll Hoffnung die Ausfahrt auf das Meer der kommenden Zeit wagen, weil Jesus am Ufer steht und weil sein Wort die Fahrt begleitet.

### *Auf sein Wort hin*

Der Evangelist hat in die Bilder der Erinnerung, die er vor uns ausbreitet, zugleich ein ganzes Bild der Kirche verwoben, das Verheißung und Wegweisung in einem ist. Dieses Bild ist sehr vielschichtig; ich möchte versuchen, nur zwei Züge daraus etwas deutlicher werden zu lassen. Da ist zuerst die Begegnung mit Jesus nach der langen vergeblichen Nacht. Er steht am Ufer – er hat die Wasser der Zeit und des Todes durchfahren; nun ist er auf dem Ufer der Ewigkeit, aber gerade von dort aus sieht er die Seinigen, ist er mit ihnen. Er bittet die Jünger um etwas zu essen.

Das gehört zum Geheimnis Jesu, des Auferstandenen, zur Demut Gottes: Er bittet die Menschen um ihren Einsatz. Er braucht ihr Ja. Der Herr bittet uns, für ihn auszufahren. Er bittet uns, für ihn Fischer zu werden. Er bittet uns, ihm zu trauen und nach der Weisung seines Wortes zu handeln. Er mutet uns zu, dieses sein Wort wichtiger zu nehmen als unsere Erfahrungen und Erkenntnisse. Er bittet uns, auf sein Wort hin zu handeln und zu leben.

Aber dann geschieht etwas Merkwürdiges. Als die Jünger zurückkommen, bedarf Jesus ihrer Fische nicht. Er hat das Frühstück schon bereitet, und nun lädt er die Jünger ein; ist er der Gastgeber, der ihnen zu essen gibt. Die Gabe ist geheimnisvoll und doch nicht schwer zu enträtseln. Das Brot ist er selbst: »Ich bin das Brot des Lebens.« Er ist das gestorbene Weizenkorn, das nun hundertfältige Frucht trägt und reich ist für alle bis ans Ende der Zeiten. Sein Kreuz, an dem er sich selbst gegeben hat, ist die wunderbare Brotvermehrung, die göttliche Überwindung der teuflischen Versuchung, mit Brot und Sensation die Menschen zu fangen. Nur die Liebe kann die wahre Brotvermehrung bewirken. Die materiellen Gaben, das Quantitative, wird immer weniger durch Teilen.

Liebe aber nimmt zu, je mehr sie sich schenkt. Jesus ist das Brot, und er ist auch der Fisch, der für uns hinabgestiegen ist in die Wasser des Todes, um uns dort zu suchen und zu finden. So verweist das Frühstück, das Jesus an der Grenzscheide von Zeit und Ewigkeit den Seinen anbietet, auf die Eucharistie. »Kommt und esst«, sagt er zu uns und lässt uns so schon die Grenze der Zeit und des Todes überschreiten.

## *Alles geben, um alles zu empfangen*

Damit wird ein erstes Bild von Kirche deutlich: Kirche ist zuallererst Eucharistiegemeinschaft. Dort ereignet sich das Neue, das die Kirche von allen anderen Gemeinschaften unterscheidet. Gott rührt uns an. Gott gibt sich uns. Gott wird unser Brot, so dass wir anfangen, von ihm zu leben und damit wirklich zu leben. Zeit und Ewigkeit durchdringen sich; in unsere Zeit tritt das herein, was stärker ist als der Tod. Wir empfangen eine Nahrung, die nicht im Stirb und Werde auf- und untergeht; wir empfangen eine Nahrung, die bleibt und uns ins Bleibende hineinführt. Und so werden wir Gemeinschaft: von der Eucharistie, vom Ostergeheimnis des gestorbenen Weizenkorns her.

Aber was bedeutet das? Wie geht das zu? Wenn wir diese praktische Frage richtig beantworten wollen, dann scheint mir das Paradox ganz wichtig zu sein, das wir vorhin kurz beobachtet hatten. Zuerst bittet Jesus die Jünger um etwas zu essen – sie müssen ausfahren, seinem Wort nach handeln, um dieser Bitte zu entsprechen. Heimgekehrt aber zeigt sich, dass er der Gebende ist. Dieser scheinbare Widerspruch ist nicht ein Mangel an Logik des Erzählers oder gar an Logik des Herrn. Er deckt vielmehr die inneren Dimensionen der Eucharistie und die inneren Dimensionen des christlichen Lebens überhaupt auf. Es geht da nicht um eine Art Schikane: Zuerst müsst ihr geben, dann bekommt ihr etwas dafür. Es geht vielmehr um einen unverzichtbaren inneren Zusammenhang, der freilich wieder viele Aspekte hat. Ich kann nur ein paar davon ganz kurz andeuten.

Als Jesus die Jünger bittet, kennen sie ihn noch nicht. Sie müssen dem hungernden Unbekannten geben. Erst wenn sie selbst dieses Geben lernen, reift in ihnen die Liebe, die sie aufnahmefähig macht für die neue Nahrung, für das ganz andere Brot, das Gott uns in Christus selber wird. Die soziale Dimension ist der Eucharistie nicht von außen her angehängt, sondern sie ist der Raum, ohne den sich überhaupt Eucharistie nicht bilden kann.

So war es ja auch bei der Brotvermehrung gewesen: Zuerst musste der Bub die köstlichen Gaben seiner Mutter weitergeben; dann musste jeder Einzelne von dem, was gerade nur für ihn zu reichen schien, austeilen. So geschah Brotvermehrung. So geschieht sie immer. Und darin vollzieht sich noch Tieferes: Die Jünger, die ausfahren, um für Jesus Fische zu fangen, müssen im Grunde sich selber geben. Erst wer sich selber gibt, entdeckt, dass ihm alles schon geschenkt ist, dass er immer nur gibt »de tuis donis ac datis« – von dem, was er selbst empfangen hat. Zuerst müssen wir uns selber geben, um dann Gottes Gabe zu empfangen. Am Ende kommt alles von Gott. Und doch kann Gottes Gabe uns nicht erreichen, wenn wir nicht zuerst selber Gebende geworden sind. Am Ende ist alles Gnade – denn die großen Dinge der Welt, das Leben, die Liebe, Gott – die kann man nicht machen, nur geschenkt bekommen. Und doch können wir nur dann beschenkt werden, wenn wir selbst Schenkende sind. Nur indem wir schenken, werden wir beschenkt; nur indem wir folgen, werden wir frei; nur indem wir opfern, empfangen wir, was wir durch nichts verdienen können.

So klärt sich hier, in dieser einfachen Geschichte, auch eine Frage, die seit dem Jahrhundert der Reformation zu leidenschaftlichen Spannungen innerhalb der Christenheit geführt hat. Alles geben und alles empfangen – das schließt sich nicht aus, sondern ein: Das zeigt sich hier. So gilt zunächst und als grundlegende Wahrheit, dass Christi Opfer einmalig und für uns alle genügend ist. Es gilt, dass wir alle darin nur Empfangende sein können und dass es Anmaßung wäre, etwas hinzufügen zu wollen. Und doch gilt zugleich und ohne Widerspruch, dass sein Opfer unser nur werden kann, wenn wir selbst ausgefahren sind, um Christus alles zu geben. Dass das Opfer Christi sich uns schenkt im Opfer der Kirche, mindert Christi Gabe nicht, sondern macht erst die Größe ihrer Menschlichkeit sichtbar, denn Gott handelt menschlich. Gerade in seinen größten Geheimnissen nimmt er am tiefsten das menschliche Wesen an und auf.

Aber nun müssen wir zurückkehren zum Evangelium. Wir hatten gesagt: Im neuen Bedenken der Bilder der Erinnerung steigen für Johannes die Bilder des Wesentlichen und des Bleibenden auf. In den Bildern des Morgens von Galiläa lässt er uns das Bild der Kirche erkennen, das Wesen christlichen Lebens. Ein erstes Bild von Kirche, das wir fanden, ist der Hinweis auf ihre eucharistische Mitte. Kirche ist Eucharistiegemeinschaft. Sie ist Einheit mit dem Herrn. Zugleich ist sichtbar geworden, welchen Abgrund menschlicher und göttlicher Wirklichkeit das einfache Wort des Auferstandenen umschließt: »Kommt und esst!«

Die Eucharistie empfangen heißt: alle Dimensionen des Menschseins ausschreiten; wir empfangen sie nur, wenn wir den ganzen Weg des österlichen Geheimnisses Jesu durchwandern, das er uns mitteilt. Dazu aber gehört nicht nur Liturgisches und nicht nur Geistliches, sondern scheinbar ganz Weltliches: unsere Bereitschaft, dafür zu sorgen, dass die essen können, die wir nicht kennen, aber die unserer Hilfe bedürfen. Weil Eucharistie so sehr das ganze Wesen des Menschen und die ganze Wirklichkeit Jesu Christi umfasst, nur darum kann sie Kirche bauen, die mehr ist als ein Freizeitclub – eine Gemeinschaft, die in die Ewigkeit hinüberreicht.

### *Fülle und Einheit*

Aber nun möchte ich noch auf einen zweiten Zug des Kirchenbildes kurz hinweisen, der mir durch die Erzählung dieses Evangeliums durchzuleuchten scheint. Da ist ja diese merkwürdige Geschichte von den 153 Fischen. Man darf wohl für sicher halten, dass Johannes diese Zahl nicht aus purer Lust am Anekdotischen in sein Evangelium aufgenommen hat. Sein Evangelium und noch mehr die Apokalypse sprechen immer wieder durch den Symbolismus der Zahl zu uns, und so haben die Väter wohl Recht gehabt, nach der Bedeutung zu suchen, die der Evangelist in der Zahlenangabe verschlüsseln wollte. Sicherheit über die rechte Auslegung wird man hier wohl nicht gewinnen können. Das widerspräche gerade dem Wesen der symbolischen Botschaft, die den Blick für das wachrufen will, was nicht in exakten Begriffen festzulegen ist. Einigermaßen sicher geht man aber mit solchen Deutungen, die der inneren Richtung des Evangeliums im Ganzen entsprechen, also nichts Neues eintragen, sondern das Gemeinsame von einer neuen Seite her aufleuchten lassen. Von diesem Maßstab her scheinen mir vor allem zwei Auslegungen einleuchtend zu sein.

Die eine, schon von den Vätern vertreten, weist darauf hin, dass der Zahl 153 die Zahl 17 zugrunde liegt. 17 aber ist die Zahl der Völker, die der Pfingstbericht des heiligen Lukas erwähnt. Es ist eine Zahl der Ganzheit, der Fülle. Wie jene 17 Völker des Pfingstberichts auf die Kirche aus allen Völkern verweisen, so die 153 Fische auf die Weite der Kirche Jesu Christi, die alle Arten von Fischen in sich bergen, ihnen Raum geben soll. Es ist ein Bild der Katholizität der Kirche, in der viele Wohnungen sind: Raum für alle. Die Kirche der vielen Wohnungen – die Kirche der vielen Fische, durch die die Netze zu zerreißen drohen – welch schönes und zugleich anspruchsvolles Bild. Denn das heißt zunächst, dass der erste Gedanke Gottes über die Kirche nicht die örtliche Gemeinde, sondern die katholische Kirche in ihrer Ganzheit und Einheit ist.

Universalkirche ist nicht eine Addition von Gemeinden, die sich zwecks größerer Effizienz oder aus anderen Gründen zusammenschließen; sie ist das Erste, und sie gebiert die Gemeinden. Das ist ganz klar die Botschaft des lukanischen Pfingstberichts: Noch ehe es Gemeinden gab, gab es schon die katholische Kirche, die Kirche aller Völker, sagt uns der heilige Lukas damit. Das Netz mit den 153 Fischen wiederholt uns in der Symbolsprache des heiligen Johannes dieselbe Erkenntnis. Zuerst ist die Einheit; sie gebiert die Vielheit, und sie gibt ihr Sinn.

Das ist eigentlich auch ganz klar, wenn man den inneren Ursprung der Kirche bedenkt: Christus steht zur Kirche ja nicht wie ein Vereinsgründer zu seinem Verein. Als Verein hat er sie nämlich gerade nicht gegründet, wie uns die heutige Exegese zeigt. Er hat sie begründet nicht durch einzelne Akte, sondern durch sein Sein als gestorbenes Weizenkorn. Das bedeutet dann aber eine ganz andere Beziehung. Christus ist nicht ein Vereinsgründer, an dessen Willen man sich gelegentlich erinnert. Er ist der gegenwärtige Ursprung der Kirche in der Eucharistie. Darum ist die Kirche nicht zuerst durch allerlei Rechtsverordnungen an ihn gebunden, sondern in der Gemeinschaft des Seins von ihm getragen. Paulus treibt das so weit, dass er sagt: Es gibt überhaupt nur einen Erwählten, aber wir alle sind Einer durch die Gemeinschaft mit Christus (Gal 4,15–29).

Dasselbe ergibt sich auch aus dem äußeren Ursprung der Kirche: Sie ist gar nicht eine Neuschaffung Jesu. Das Volk Gottes ist seit Abraham unterwegs und kann immer nur eines sein; durch Jesus werden lediglich seine Grenzpflöcke hinausgesteckt bis an die Enden der Erde und tiefer eingerammt – bis in die trinitarische Liebe Gottes hinein. Während uns Lukas von einer ersten Ausfahrt am Beginn des öffentlichen Lebens Jesu erzählt, bei der die Netze einrissen, sagt uns Johannes: Trotz der großen Fülle zerrissen die Netze nicht (21,11). Das Netz darf nicht zerreißen. Die Kirche ist eine und muss der Raum aller Fische Jesu Christi sein: Der aufgerissene Leib des Gekreuzigten, der doch nicht zerbrochen wurde, ist der Raum unserer Einheit.

Darüber wäre viel zu sagen; ich füge nun nur noch zum Schluss die zweite Deutung der Zahl 153 hinzu, die in derselben Richtung liegt und zugleich den Fortgang des Evangeliums vorausnimmt. Sie stammt von dem jüdischen Gelehrten Robert Eisler, der darauf aufmerksam gemacht hat, dass 153 die Summe der Zahlenwerte von *Simon* (76) und *Ichthys* (Fisch, 77) ist. Diese Deutung weist erneut auf die Einheit der Kirche und auf ihre Katholizität hin, aber sie beleuchtet genauer die geschichtliche Art der Einheit. Die eigentliche Einheit der Kirche ist immer der eine Fisch, Jesus Christus. Aber er hat sich selbst und die Einheit seiner Kirche gebunden an den, den er Petrus, den Felsen, nannte. Tatsächlich klingt ja der ganze Bericht in der Beauftragung Petri aus, dem das Weiden der Herde Jesu Christi übertragen wird, die *eine* ist und als Ganze von ihm geweidet wird.

Petrus und Christus gehören zusammen: Das Boot des Petrus ist das Schiff Christi geworden. Petrus bürgt für Christus. Wenn ich ihn annehmen will, muss ich die konkrete Gemeinschaft der einen Kirche annehmen, deren Hirte Petrus ist. Gerade so vollzieht sich immer wieder der österliche Weg. Denn nur wenn wir Christus bis in diese Konkretheit hinein bejahen, lassen wir uns von ihm binden und führen nicht nach unserem eigenen Willen, sondern nach dem seinigen. Das scheinbar ganz Juristische, Konkrete, und das Tiefste, die Mitte der Offenbarung, hängen untrennbar zusammen. Denn Gott ist konkret und gerade im Konkreten zeigt er sich göttlich.

Wir wollen den Herrn bitten, dass er uns schenkt, in der Schar der 153 Fische seines unzerrissenen Netzes zu sein. Wir wollen ihn bitten, dass er uns schenkt, uns binden und von ihm auch gegen unseren Willen führen zu lassen. Wir wollen ihn bitten, dass uns die Augen aufgehen und dass wir wie Petrus ihn erkennen und voll Freude zu sagen lernen: »Es ist der Herr.« Amen.

# V
# Der Dienst des Zeugen

## *»Es ist der Herr«*
## *(Joh 21,1–14)*

Lesung (vgl. Apg 5,27f.–32,40f.–41) und Evangelium vom dritten Sonntag der Osterzeit sind Zeugnis für Jesus Christus, Zeugnis für seine Auferstehung. Sie erzählen nicht Vorstellungen der Jünger, denn in diesem Fall wäre es eine Anmaßung gewesen, dieses Zeugnis als Willen Gottes gegen den Willen der Menschen zu stellen. In diesem Fall wäre es auch ganz unnötig gewesen, für das Zeugnis Haft und Schläge auf sich zu nehmen. Ebenso wäre es unsinnig gewesen, sich der Schande zu freuen, die sie vor der Öffentlichkeit erlitten hatten, wenn in dieser Schande nicht eine höhere Ehre, die Ehre Gottes und die Ehre der Wahrheit, verborgen gewesen wäre.

### *Gott hat geantwortet*

Ein Zeugnis bloßer Worte wiegt nicht schwer; es kann auch falsches Zeugnis sein. Wo aber mit dem Zeugnis des Leidens das Leben selbst zum Zeugnis wird, sind andere Gewichte im Spiel. Die Apostel zeugen für Jesus mit ihrem Leben, weil er selbst lebendig, das Leben, ist und weil sie dessen völlig sicher sind. Das Zeugnis des Lebens gilt dem, den sie als Lebendigen gesehen haben.

So lautet die eigentliche Botschaft dieses Tages: Gott hat geantwortet. Gott ist wirklich Gott. Gott hat Macht über die Welt, Macht über unser Leben und Macht auch über unser Sterben hinaus. Gott ist Gott. Er hat Macht, und seine Macht ist Güte, die Leben schenkt – das wirkliche Leben. Weil die Apostel das nicht nur als Theorie wussten, sondern es eingebrannt in ihre Seele als lebendige Wahrnehmung in sich trugen, darum waren sie voll Freude.

Die Liturgie der Kirche will uns dahin führen, diese Freude zu empfangen, die Freude der Erlösten. Wir empfangen sie in dem Maß, in dem wir Christus wahrnehmen; in dem Maß, in dem auch uns gewiss wird: Er lebt; er ist wahrhaft auferstanden.

Lesung und Evangelium sind also Christuszeugnisse. Er ist das eigentliche Subjekt dieser Texte, wie er das wahre Subjekt unserer Liturgie ist. Aber so, im Hinweisen auf Christus, geben uns die Texte dieses Tages auch ein Bild des Zeugen Jesu Christi.

### *Was macht einen Zeugen aus?*

Was gehört zu einem Zeugen? Die erste Grundvoraussetzung wird deutlich in der Geschichte vom Fischfang: Die Apostel kehren heim. Am Ufer steht ein Unbekannter. Der Jünger, den Jesus liebte, erkennt ihn: »Es ist der Herr.« Petrus springt auf, bekleidet sich und wirft sich ins Wasser, um ihm entgegenzueilen. Die erste Voraussetzung ist also: Wer Zeuge Jesu sein will, muss ihn selber gesehen haben, muss ihn kennen. Wie aber geht das zu? Die Liebe kennt ihn, sagt uns das Evangelium. Jesus steht am Ufer; wir erkennen ihn zunächst nicht, aber durch die Stimme der Kirche hören wir: Er ist es. An uns liegt es, aufzubrechen, ihn zu suchen und ihm näher zu kommen. Im Hören auf die Schrift, im Mitleben mit den Sakramenten, in der Begegnung des persönlichen Gebetes mit ihm, in der Begegnung mit denen, deren Leben von Jesus erfüllt ist, in verschiedenen Erfahrungen unseres Lebens und auf vielerlei Weisen begegnen wir ihm, sucht er uns, und so lernen wir ihn kennen.

Ihm auf vielfachen Wegen näher zu kommen, ihn sehen zu lernen – das ist die allererste Aufgabe des Theologiestudiums. Denn dieses Studium redet im Grunde von gar nichts, wenn die Gedanken der Wissenschaft sich nicht auf Realität unseres Lebens beziehen. Je mehr wir aber ihn selber erkennen, desto mehr fangen auch all die Worte der Überlieferung für uns zu sprechen an; desto mehr werden sie Wege zu ihm und von ihm zu den Menschen.

Der Zeuge muss also zuerst etwas *sein*, bevor er etwas *tut*; er muss Freund Jesu Christi werden, damit er nicht nur Erkenntnis zweiter Hand weitergebe, sondern wirklich Zeuge sei.

## *Was soll der Zeuge tun?*

Aber dann kommt die Frage: Was soll der Zeuge tun? Das Evangelium gibt uns drei Antworten, die eigentlich alle drei eine einzige Antwort sind. Bevor Petrus mit dem Amt des Hirten betraut wird, fragt ihn Jesus:

*Liebst du mich?* Er muss Jesus lieben. Dann wird ihm gesagt: *Weide meine Lämmer* – er muss die Aufgaben eines Hirten erfüllen. Und schließlich wird ihm gesagt: *Früher gingst du deine eigenen Wege. Nun bestimmt ein anderer deinen Weg und führt dich; nicht mehr dein Wille entscheidet über deinen Weg, sondern der Wille eines anderen.* Er muss folgen; Nachfolge gehört zum Dienst des Jüngers – dieser Dienst ist ein Weg.

### *Weiden*

Lieben – weiden – nachfolgen: Mit diesen drei Stichworten umschreibt das Evangelium das Wesen des Apostelamtes und so auch das Wesen des priesterlichen Dienstes. Weil das Lieben die Innenseite von allem anderen ist, können wir uns damit begnügen, die beiden anderen Grundakte noch etwas näher zu bedenken.

Beginnen wir mit dem Weiden. Das Wort weist auf die Nomadenzeit Israels zurück, in der es vor allem ein Volk von Viehhirten gewesen war. Im Evangelium dieses Tages finden wir das gleiche, aber von einem anderen Ausgangspunkt her beleuchtet: Jesu Jünger, die er am See von Galiläa gesammelt hatte, waren zuerst Fischer gewesen; so hat er ihnen ihren künftigen Beruf von da aus erschlossen: »Von nun an wirst du Menschen fischen«, hatte Jesus zu Petrus am Morgen seiner Berufung gesagt (Lk 5,10).

Von allen Auslegungen dieses Wortes, die ich gefunden habe, hat mich am meisten diejenige des heiligen Hieronymus beeindruckt. Er sagt ungefähr so: Wenn der Fisch aus dem Wasser gezogen wird, bedeutet es für ihn, dass er sein Lebenselement verliert. Er kann nicht mehr atmen und geht zugrunde. Aber für uns Menschen geschieht in der Taufe, in der Christwerdung, das Gegenteil: Bislang sind wir eingeschlossen in die salzigen Wasser der Welt. Wir können das Licht, Gottes Licht, nicht sehen. Wir können die Weite der Welt nicht sehen. Unser Gesicht ist vom Dunkel des Wassers umschlossen, nach unten gekehrt, und unser Leben ist in die Todeswelt des Salzwassers versenkt. Aber wenn wir in der Taufe herausgezogen werden, dann fangen wir an, das Licht zu sehen, und dann beginnen wir, wirklich zu leben.

Ich glaube, es ist gar nicht schwer, heute zu erkennen, wie wahr das ist. Das Leben ohne Gott und gegen Gott, das zunächst so verlockend und befreiend erscheint, hat in Wirklichkeit nur eine große Traurigkeit und einen wachsenden Zorn geschaffen. Der Mensch ist wütend gegen die Gesellschaft, gegen die Welt, gegen sich und gegen die anderen; sein Leben erscheint ihm als eine Fehlkonstruktion, der Mensch als ein Irrtum der Evolution. Er hat sein eigentliches Lebenselement verloren, und alles schmeckt ihm nach Salz – nach Tod und nach Bitterkeit. Der Mensch ist dazu bestimmt, die Unendlichkeit der ewigen Liebe zu atmen; kann er es nicht, dann ist er im Gefängnis und ohne Licht. Erst der Glaube führt uns ins Weite, wie die Psalmen sagen.

Was also heißt »Menschen fischen«? Es heißt: Die Menschen ins Freie führen, in die Weite Gottes, in das Lebenselement, das ihnen zugedacht ist. Freilich, wer aus seinen Gewohnheiten herausgerissen wird, wehrt sich zunächst immer, wie es uns Platon im Höhlengleichnis eindringlich geschildert hat. Wer sich ans Meer gewöhnt hat, meint zunächst, ihm werde das Leben weggenommen, wenn er ans Licht gebracht wird. Er hat sich ins Dunkel verliebt. So ist Menschenfischer sein kein bequemes Unterfangen – aber das Großartigste und menschlich Schönste, das es geben kann. Viele vergebliche Ausfahrten gehören gewiss dazu. Aber es ist trotzdem eine wunderbare Aufgabe, Menschen auf dem Weg ins Licht, ins Weite zu begleiten; sie das Licht und die Weite Gottes kennen zu lehren. Als ich vor Jahren damit anfing, hatte ich Furcht, wie es wohl gehen werde. Aber ich habe sehr bald und immer neu erfahren, wie wahr die Verheißung des Herrn ist, dass er schon in dieser Welt das Hundertfache des Einsatzes zurückgibt – unter Bedrängnissen gewiss, aber er löst sein Wort ein (Mk 10,29f.)

Freilich müssen wir noch eins bedenken – den eigentlichen Kern der Kunst des Menschenfischens. Im heutigen Evangelium gibt Jesus den Jüngern Brot und Fisch zu essen. Beides versinnbildet ihn selbst. Wie er gestorbenes Weizenkorn wurde, so ist er Fisch geworden. Er ist selber in die Tiefe des Meeres hinabgestiegen. Mit seinem ganzen Leben hat er das Zeichen des Jona erfüllt, sich aufnehmen lassen in den Bauch des Meeres. Nur wer sich selber gibt, kann Zeuge sein, sagten wir vorhin. Nur wer wie Jesus selber »Fisch« wird, kann Menschenfischer sein.

### *Nachfolgen*

Aber damit sind wir nun schon bei der Nachfolge angelangt. Denn ohne Bilder heißt das ganz einfach: Der Kern des Weidens, der Kern des Hirtendienstes ist die Nachfolge. Der Hirte geht voraus, so sagt uns das Johannesevangelium. Nur wenn wir selbst vorausgehen, weiden wir die anderen. Und wir gehen nur voraus, vorwärts, wenn wir dem nachgehen, der uns allen vorausgegangen ist: Jesus Christus.

Die Evangelien geben uns gerade im Zusammenhang mit der Gestalt des Petrus verschiedene Hinweise, in denen anschaulich wird, was Nachfolge bedeutet. Eine der eindringlichsten Szenen spielt sich unmittelbar nach dem Bekenntnis Petri zu Christus ab, mit dem die Primatsgeschichte beginnt. Der Herr hat das Besondere seines Königtums damit erläutert, dass er sein Leiden voraussagt. Und wenn vorhin mehr als Fleisch und Blut aus Petrus gesprochen hatten, so kommen nun Fleisch und Blut ganz kräftig zu Wort: Petrus macht dem Herrn Vorhaltungen wegen dieser Rede. Die Antwort Jesu ist ungewöhnlich hart: »Weg und hinter mich, Satan!« (Mk 9,33). Petrus hatte selbst vorausgehen, den Weg Jesu bestimmen wollen. Nachfolgen heißt: sich nicht mehr seinen Weg selber aussuchen. Es heißt den eigenen Willen in den Willen Jesu hineingeben, ihm wirklich den Vortritt lassen.

Ein anderer Aspekt wird in unserer Geschichte deutlich: Petrus ist auf dem Meer, Jesus am Lande. Um zu ihm zu kommen, wirft Petrus sich schnell entschlossen in die Fluten. Damit ist verwandt die einzigartig schöne Geschichte, wie Petrus aus dem Boot steigt, um zum Herrn zu kommen, den er auf dem Wasser wandeln sieht. Solange er auf Jesus schaut, geht er ungehindert. In dem Augenblick, in dem sich seine Aufmerksamkeit auf Wind und Wasser richtet, fängt er an zu versinken (Mt 14,28–32). Er geht einen Weg, der gegen die Schwerkraft steht. Er kann ihn gehen, solange er sich tragen lässt von der neuen und stärkeren Schwerkraft der Nähe Jesu Christi, gemäß dem Wort: »Seid nur getrost, ich habe die Welt überwunden« (Joh 16,33). Die Schwerkraft und die Gnade streiten hier gegeneinander.

Nachfolge Jesu Christi bedeutet, dass wir einen Weg gehen müssen und gehen können, der gegen die natürliche Schwerkraft gerichtet ist, gegen die Schwerkraft des Egoismus, der Suche nach dem bloß Materiellen und nach dem Maximum an Lustgewinn, das man mit Glück verwechselt. Nachfolge ist ein Weg durch die aufgeregten, stürmischen Wasser, den wir nur gehen können, wenn wir im Schwerefeld der Liebe Jesu Christi sind, den Blick auf ihn gerichtet, und so getragen von der neuen Schwerkraft der Gnade, die uns den Weg zur Wahrheit und zu Gott hin möglich macht, den wir aus Eigenem nicht durchschreiten können. Deswegen ist Nachfolge Christi mehr als Zustimmung zu einem bestimmten Programm, mehr als Sympathie und Solidarität mit einem Menschen, den wir als Vorbild ansehen. Wir folgen nicht nur Jesus, einem Menschen; wir folgen Christus, dem Sohn des lebendigen Gottes. Wir gehen einen göttlichen Weg.

Wohin geht Jesu Weg? Er geht zur Auferstehung, zur Rechten des Vaters. Dieser ganze Weg ist gemeint, wenn von Nachfolge Christi gesprochen wird. Erst damit ist die ganze Berufung des Menschen ausgeschritten, erst damit kommen wir wirklich ans Ziel, ins ungeteilte und unzerstörbare Glück. Und erst von da aus versteht man, warum zur Nachfolge auch das Kreuz gehört (Mk 8,34): Zur Auferstehung, zur Gottesgemeinschaft kann man nicht anders kommen. Diesen ganzen Weg müssen wir vorangehen, wenn wir Diener und Zeugen Jesu Christi sein wollen. Und jeder einzelne Schritt ist anders, je nachdem, ob man diesen ganzen Weg aufnimmt oder sich nur eine Art von menschlichem Parteiprogramm herausschneidet. Zu Christus kann man nur kommen, wenn man den Mut hat, über die Wasser zu gehen und sich seiner Schwerkraft, der Schwerkraft der Gnade, anzuvertrauen.

## *Geführt werden, wohin du nicht willst*

Schließlich findet sich in unserer Geschichte am Schluss noch einmal ein anderes und überraschendes Bild für die Nachfolge: »Du wirst deine Hände ausstrecken, ein anderer wird dich binden und dich führen, wohin du nicht willst« (Joh 21,16). Wahrscheinlich ist das ein Hinweis auf den Kreuzestod, den Petrus in der Nachfolge Jesu sterben wird: Seine Hände werden ausgestreckt und angebunden. Was in dem Streit zwischen Petrus und Jesus nach der Leidensvorhersage zuerst angesprochen war, wird hier vollends deutlich: Petrus muss seinen eigenen Willen abtreten, nicht mehr er bestimmt über sich. Ein anderer gürtet ihn.

Mir kommt bei dieser Geschichte immer ein kleiner Ritus in den Sinn, der mir bei meiner Priesterweihe am Tiefsten in die Seele gedrungen ist. Nach der Salbung wurden einem damals die Hände zusammengebunden, und mit diesen zusammengebundenen Händen nahm man den Kelch – die Hände und in ihnen das eigene Sein schien gleichsam an den Kelch gefesselt. Der Kelch – dabei kam mir die Frage Jesu an die Brüder Jakobus und Johannes in den Sinn: »Könnt ihr den Kelch trinken, den ich trinken werde« (Mk 10,38)?

Der eucharistische Kelch, Mitte des priesterlichen Lebens, erinnert immer an dieses Wort. Und dann die gebundenen Hände, gesalbt mit dem messianischen Salböl des Chrisam. Die Hände sind Ausdruck unserer Selbstverfügung, unserer Macht: Mit ihnen können wir zugreifen, in Besitz nehmen, uns verteidigen. Die gebundenen Hände sind Ausdruck der Machtlosigkeit, des Machtverzichts. Sie sind in seine Hände, sie sind auf den Kelch gelegt. Man könnte sagen: Darin zeigt sich einfach, dass Eucharistie die Mitte des priesterlichen Lebens ist. Aber Eucharistie ist mehr als Zeremonie, als Liturgie. Sie ist eine Form des Lebens. Die Hände sind gebunden: Ich gehöre nicht mehr mir selbst. Ich gehöre Ihm und durch Ihn den anderen. Nachfolge ist Bereitschaft zur Bindung, zur Endgültigkeit – so wie Er sich endgültig an uns gebunden hat. Die gebundenen Hände sind in Wahrheit die offenen Hände – ausgestreckte Hände, wie das Evangelium sagt. Der Mut der endgültigen Bindung, das ganze Ja – das ist Nachfolge. Erst in diesem ganzen Ja gehen wir den ganzen Weg, von dem wir vorhin sprachen. Und nur der ganze Weg ist der wahre Weg, denn die Wahrheit und die Liebe lassen sich nicht teilen. Wir wollen den Herrn bitten, dass er uns dies Geheimnis der Nachfolge immer tiefer verstehen lässt.

Wir wollen ihn bitten, dass er uns den Mut schenkt, aus dem Boot unserer irdischen Sicherungen und Vorbehalte auszusteigen und uns über die Wasser zu wagen. Wir wollen ihn bitten, dass er im rechten Augenblick die Hände zu uns ausstreckt, uns an der Hand nimmt und in unser Boot steigt. Wir wollen ihm danken, dass er uns gerufen hat, vor ihm zu stehen und ihm zu dienen. Amen.

# VI
# Am Anfang steht das Hinhören

*»Und er rief die zu sich, die er wollte«*
*(Mk 3,13–19)*

Es ist für mich eine große Freude, Sie – die Priesterkandidaten dieses Bistums – begrüßen und mit Ihnen zusammen die heilige Eucharistie feiern zu dürfen. Es ist schön zu sehen, wie auch heute junge Menschen sich aufmachen, um dem Ruf Christi zu folgen: *Ich will euch zu Menschenfischern machen.* Es ist gut zu wissen, dass Gott auch heute »die Jugend erfreut« (Ps 42,4 Vulgata), die Jugend begeistert und in ihr den Mut erweckt, die Netze des bürgerlichen Lebens, der Familie, der Suche nach großem Einkommen liegen zu lassen, um diesen Gott auch zu den anderen zu bringen. Es ist schön zu erfahren, wie in den jungen Menschen die Kirche selbst immer jung bleibt und immer wieder jung wird. Mit ihren Netzen bringen sie die neue Zeit, neue Ideen, neue Erfahrungen und Erkenntnisse ans Land des Glaubens. So bleibt auch der Anfang immer gegenwärtig. Denn ein Priesterseminar bedeutet ja, dass der Herr auch heute auf den Berg steigt und herbeiruft, die er will. Das Priesterseminar ist dieser Berg Jesu. Der galiläische Morgen ist nicht ferne Vergangenheit: Hier ist er frische Gegenwart, in der immer wieder neu der Tag der Kirche beginnt, nein: der Tag Jesu Christi aufgeht, bis einmal der endgültige Morgen kommt, der keinen Abend mehr kennt, weil seine Sonne – die für immer offenbar gewordene Liebe des dreifaltigen Gottes – nicht untergeht.

## *Er stieg auf einen Berg*

Das Priesterseminar ist der Berg, auf den Jesus steigt, um zu rufen. In diesem wundervollen kleinen Abschnitt des Markusevangeliums ist jedes Wort voller Bedeutung. Er spricht deshalb so unmittelbar zu uns, weil es ja nicht Worte sind, die wir mühsam wie aus weiter Ferne an unser Leben heranholen müssen. Was da steht, geht uns ganz direkt an – es ist unser Leben, unsere Gegenwart. Jesus steigt auf den Berg: Er hat die Berge geliebt, wie er den See geliebt hat, die Blumen des Feldes und die Vögel des Himmels. Er hat die Schöpfung geliebt, weil sie ja sein Gestalt gewordenes Wort, Spiegelung des göttlichen Geheimnisses war, aus dem er kam. So dürfen wir sagen, dass zur Freundschaft mit Jesus auch die Freude an der Schöpfung, die Freude an ihrem unverbrauchten Glanz, an den großen und kleinen Wundern des Weltalls gehört.

Aber wenn die Berufung auf dem Berg vollzogen wird, so geht es noch um mehr: Der Berg ist der Ort des Betens Jesu. Er ist der Ort seiner Einsamkeit, seiner Zuwendung zum Vater. Er ist Ausdruck für die Höhe, für das innere Aufsteigen über die Verfangenheit in die Dinge des Alltags. Die Berufung der Jünger kommt aus dem Gespräch Jesu mit dem Vater hervor. Wir können sie nur empfangen, wenn wir diesen inneren Aufstieg Jesu mitgehen. Wenn wir Berufung finden, annehmen und zur Reife bringen wollen, müssen wir den Berg Jesu finden: das Freiwerden vom Alltäglichen, die Stille, die Sammlung, die Zuwendung zum lebendigen Gott. Wir müssen in jene Offenheit und Höhe kommen, in der die Stimme Jesu zu hören ist.

## *… und rief die zu sich, die er erwählt hatte*

Denn so geht es nun weiter: Er rief herbei, die er wollte. Priestertum wird nur möglich, wenn man Seine Stimme zu hören gelernt hat. Es beruht auf einem dialogischen Verhältnis. Aber es beruht vor allem auf Seiner Initiative. Die Formulierung des Markusevangeliums ist hier sehr nachdrücklich: Er rief, die er wollte – nicht einfach diejenigen, die es selber wünschten.

Es gibt kein Recht auf das Priestertum. Man kann es sich nicht aussuchen, wie man sich irgendeinen Job aussucht. Man kann nur ausgesucht werden dazu – von Ihm. Es gehört nicht zu den Menschenrechten, Priester zu sein, und niemand kann darauf klagen, es zu erhalten. Er ruft, die er will. Es gibt Menschenrechte, die dem Menschen von seinem gottgeschaffenen Wesen her zustehen und für die gerade die unbedingt einstehen müssen, die an den Schöpfer glauben. Aber es gibt auch ein Recht des Herrn – auf die, die Er will. Für den, der diesen Ruf empfangen hat, heißt dies: Er will mich. Es gibt einen Willen Jesu mit mir. In diesen Willen muss ich hineintreten, in ihn hineinreifen. Er ist der Raum meines Lebens. Das Leben wird um so erfüllter, freier sein, je mehr wir mit diesem Willen eins werden, in dem die tiefste Wahrheit unseres Selbst enthalten ist.

### *Er setzte zwölf ein ...*

Schauen wir nur ganz kurz auf die nächsten zwei Wörter: Er machte zwölf. Dieser Ausdruck betont noch einmal, dass Priestertum von Jesus »gemacht« wird. Es ist nicht Produkt eigenen Entscheids; es kann auch nicht durch einen Entscheid der Gemeinde herbeigeführt werden. Niemand kann von sich aus die Worte sagen, die eigentlich nur Ihm gehören: *Dies ist mein Leib. Dies ist mein Blut. Ich vergebe dir deine Sünden.* Keine Gemeinschaft kann dazu ermächtigen, nur Er kann es. Gerade das ist das Große und Tröstende am Ganzen, dass hier etwas in die Geschichte eintritt, was über all unser Vermögen hinausreicht.

Gerade auf diese Überschreitung all unseres eigenen Könnens wartet unser Herz, wartet die Geschichte immer neu: auf die Vollmacht, Vergebung zu schenken, die Vergangenheit ändert; auf die Vollmacht, eine Liebe herbeizurufen, die unzerstörbar ist. Zwölf ist die Zahl der Stämme Israels, aber es ist auch die Zahl der Sternbilder, die den Rhythmus des Jahres formen.

So wird klar, dass hier ein neues Israel gebaut werden soll. Aber es wird zugleich klar, dass dieses neue Volk für den Einklang zwischen Himmel und Erde steht: *Dein Wille geschehe wie im Himmel so auf Erden.* Der Weg, der hier aufgetan wird, entscheidet über Himmel und Erde. Er bringt beides in Einklang. Und die Zwölf, die da gerufen wurden, werden gleichsam die neuen Sternbilder der Geschichte, die uns den Weg durch die Jahrhunderte weisen.

### *... damit sie mit Ihm seien*

Wenn hier plötzlich ein Horizont aufgerissen wird, der uns fast zu großartig und kühn erscheinen möchte, so sind die nächsten Worte wieder ganz praktisch. Sie antworten auf die Frage: Wozu werden diese Menschen gerufen? Was ist konkret der Wille Jesu mit ihnen? Zweierlei wird genannt: »damit sie mit Ihm seien« und »damit Er sie sende«.

Beim ersten Zuhören scheint das eigentlich ein Widerspruch zu sein. Entweder (so möchte man sagen) Jesus will, dass sie seine Begleitung sind und immer mit ihm gehen; oder er will Menschen, die er ausschicken kann und die dann natürlich höchstens zeitweise bei ihm sind. Wenn wir diese Frage in eine spätere Terminologie übertragen, so würde man sagen: Hier scheinen die monastisch-kontemplative und die apostolische Berufung ineinander geworfen zu sein. Wir unterscheiden demgegenüber und meinen, das eine schließe weitgehend das andere aus.

Aber gerade da korrigiert uns Jesus. Nur wer bei ihm ist, kann gesandt werden. Und nur wer sich senden lässt, wer seine Botschaft und seine Liebe weiterträgt, ist bei ihm. Natürlich gibt es verschiedene Stände, verschiedene Formen des Auftrags, verschiedene Weisen des Apostolats und der Nähe zu ihm. Das möchte ich hier gar nicht bestreiten. Aber vor und über allen diesen Verschiedenheiten steht eine fundamentale Einheit, die unverzichtbar ist. Apostel sind Augen- und Ohrenzeugen. Nur wer ihn kennt, wer seine Worte und Taten weiß, wer ihn selbst erfahren hat im Miteinander langer Tage und Nächte – nur der kann ihn zu anderen bringen. Das gilt auch heute. »Dass sie mit ihm seien« – das ist die erste und grundlegende Komponente des priesterlichen Berufs.

### *Bei Ihm sein im Gebet*

Wenn ich als Bischof oder vorher einfach als Mitbruder den Gründen nachgegangen bin, warum eine anfängliche Berufung mit ihrer Begeisterung und ihren Hoffnungen allmählich zerfallen ist, so zeigte sich immer wieder dies: Irgendwann hatte das stille Beten aufgehört – vielleicht vor lauter Eifer für alles, was zu tun war. Aber nun wurde der Eifer leer, weil sein innerer Antrieb verloren war. Irgendwann hatte die persönliche Beichte aufgehört und damit ein Kontakt mit Forderung und Vergebung, eine Erneuerung von innen her im Angesicht des Herrn, die unverzichtbar ist. »Dass sie mit ihm seien« – dieses »mit ihm« braucht man nicht nur für eine bestimmte Anfangszeit, damit man hernach daraus schöpfen könne. Es muss immer das Herzstück priesterlichen Dienstes sein. Aber man muss es einüben, erlernen, damit es nachher eine gewisse Leichtigkeit und Selbstverständlichkeit erlangt, durch die es sich durchhalten lässt auch in schwierigen Zeiten. So möchte ich Sie herzlich darum bitten, dies als grundlegende Aufgabe

Ihrer Zeit im Seminar und später Ihres priesterlichen Lebens anzusehen: mit Ihm zu sein, das Blicken auf ihn zu lernen, das Hören auf ihn einzuüben, im Gebet und im verweilenden Vernehmen der Heiligen Schrift den Herrn immer mehr kennen zu lernen.

Es ist wichtig, Beten nicht nur dann zu pflegen, wenn es uns gerade Freude macht. Wie nichts Großes im Menschenleben ohne Disziplin und Methode zu erreichen ist, so braucht auch das innere Leben beides. Wenn wir einen großen Künstler hören, der meisterhaft sein Instrument beherrscht, dann bewegt uns die Leichtigkeit, das scheinbar Selbstverständliche und Gelöste, das einfach die Schönheit des Werkes selber sprechen lässt. Aber gerade damit es am Ende diese Leichtigkeit gebe, in der sich das Große rein und unverstellt ausdrückt, muss eine lange zuchtvolle Arbeit vorangehen. Das innere Leben darf uns nicht weniger wert sein als die äußeren Verrichtungen, als Sport und technisches Können. Das »Wachsen des inneren Menschen« ist unseres ganzen Einsatzes wert: Die Welt braucht Menschen, die innerlich reif und reich geworden sind; der Herr braucht sie, damit er sie rufen und senden kann.

## *Verkündigen und Vollmacht haben*

Schließlich nennt unser Text noch die zwei wesentlichen Inhalte apostolischer und priesterlicher Sendung: Sie werden ausgesandt, damit sie verkündigen und Vollmacht haben, die bösen Geister auszutreiben. Verkündigung und Vollmacht – Wort und Sakrament sind die beiden grundlegenden Säulen priesterlichen Dienstes. Sie bleiben es für alle Zeit. Im priesterlichen Alltag nehmen beide Aufträge vielfältige Gestalten an. Das Wort hat viele Formen von Predigt und Unterricht bis zum persönlichen Gespräch. Das Sakrament beschränkt sich nicht nur auf den Augenblick des liturgischen Vollzugs. Es verlangt die innere Bereitung des Spenders, es verlangt die Hinführung der Empfänger. Aber es ist wichtig, darauf zu achten, dass wir uns von diesen grundlegenden Aufgaben nicht abdrängen lassen.

Nach dem Konzil ist da und dort der Eindruck entstanden, als gäbe es nun Vordringlicheres zu tun, als das Wort Gottes zu verkünden und die Sakramente zu spenden. Manche meinten, man müsse erst einmal eine andere Gesellschaft herstellen, bevor man sich für solche Dinge wieder Zeit nehmen könne. Solchen Auffassungen lag eine geistige Erblindung zugrunde, die nur noch die materiellen Werte wahrzunehmen vermochte und vergaß, dass der Mensch *immer* das Ganze braucht, die Antwort auf den Hunger des Leibes und der Seele. Auch die Fragen der Seele lassen sich nicht aufschieben. Im Gegenteil, ihre Verschiebung oder Ausklammerung provoziert erst die anderen Probleme und macht sie immer unlösbarer.

Deswegen ist die Hinführung des Menschen zum lebendigen Gott nie überflüssig. Sie ist immer die Grundvoraussetzung dafür, dass die besten Kräfte des Menschen geweckt werden, ohne die er letztlich nicht leben kann. Je mehr wir selbst durchdrungen sind von der Anwesenheit des lebendigen Gottes, desto mehr können wir ihn zu den Menschen bringen. Desto mehr werden wir auch spüren, dass gerade solcher wahrhaft priesterlicher Dienst nicht am realen Leben vorbeigeht, sondern bewirkt, »dass sie Leben haben und es in Fülle haben« (Joh 10,10).

## *Das Hundertfache dafür empfangen*

Am Schluss möchte ich Ihre Aufmerksamkeit noch auf einen späteren Text des Markusevangeliums lenken, der die hier begonnene Linie auszieht (10,28–31). Der irdische Weg Jesu geht zu Ende; den Jüngern drängt sich die Frage auf, wo das alles eigentlich hinführen solle. Sie sind besorgt um sich selber, ob denn ihre Wahl doch richtig war. Petrus spricht aus, was die anderen denken: »Siehe, wir haben alles verlassen und sind dir nachgefolgt.« Matthäus verdeutlicht den Sinn dieser diskreten und doch dringlichen Frage, indem er den Satz hinzufügt: »Was also werden wir dafür erhalten?« (19,27). Wir würden erwarten, dass der Herr die Ängstlichkeit, die Kleingläubigkeit oder auch den kaum verborgenen Egoismus tadelt, der in diesen Worten aufklingt. Aber das ist nicht der Fall. Die Frage nach dem Wozu des Ganzen wird vom Herrn als durchaus berechtigt angesehen, und er gibt ihnen eine erstaunliche Antwort: »Wahrlich, ich sage euch: Jeder, der um meinetwillen und um der Verkündigung des Evangeliums willen Haus oder Brüder, Schwestern, Mutter, Vater, Kinder oder Äcker verlassen hat, wird das Hundertfache dafür empfangen: jetzt, in dieser Zeit, wird er Häuser, Brüder, Schwestern, Mütter, Kinder und Äcker erhalten, wenn auch unter Verfolgungen, und in der kommenden Welt das ewige Leben« (Mk 10,29f.).

Was ist das Erstaunliche an dieser Antwort? Der Herr verweist nicht nur auf den jenseitigen Lohn. Er sagt etwas sehr Kühnes, fast Unglaubliches: Dieses euer Leben wird zwar immer unter dem Zeichen von Verfolgungen bleiben; es wird ein sehr menschliches Leben mit Anfechtungen und Nöten sein. Aber euer Lohn ist doch nicht einfach ins Jenseits aufgeschoben. Ihr werdet jetzt schon hundert für eins erhalten. »Gott gibt schon in diesem Leben hundert für eins«, hat die heilige Teresa von Avila den Inhalt dieses Jesuswortes zusammengefasst. Aus jedem Verlassen um seinetwillen wächst das Vielfache an Antwort heraus. Gott ist großmütig und lässt sich von uns nicht an Großmut übertreffen. Zum apostolischen Dienst gehört zuerst das Verlassen – der Zölibat ist eine der ganz konkreten Weisen, in denen solches Verlassen stattfinden muss. Wer nach kürzerer oder längerer Zeit auf sein Priesterleben zurückschaut, der weiß, wie wahr das Wort Jesu ist. Zuerst muss man freilich den Sprung wagen. Und man darf nicht versuchen, sozusagen mit kleiner Münze zurückzuholen, was man vorher mit großer Münze ausgezahlt hat: Der Heilige Geist lässt sich nicht betrügen, wie wir aus der Geschichte von Ananias und Saphira wissen. Aber inmitten all der Anfechtungen, die bleiben, wird es von Tag zu Tag mehr wahr: Eine große Familie von Brüdern und Schwestern und Vätern und Müttern und Kindern wächst dem zu, der das Wort des Glaubens zu den Menschen bringt. Und immer wieder wird es wahr: Gott gibt hundert für eins, auch in dieser Welt. Wir müssen nur den Mut haben, zuerst *eins* zu geben, den Sprung zu wagen, wie Petrus ihn gewagt hat, der am Morgen seiner Berufung noch einmal gegen alle Wahrscheinlichkeit auf den See hinausfuhr und das Zeichen des Kommenden empfing, den wunderbaren Fischfang, der ihn Jesu Macht erkennen ließ.

Geben wir die armselige Eins unserer Fähigkeiten, unseres Verzichts auf die kleine eigene Welt; bitten wir den Herrn Tag um Tag neu um den Großmut, uns ihm anzuvertrauen. Gehen wir mit ihm. Lassen wir uns senden. So werden wir in guten Händen sein. Amen.

# VII
# Zur priesterlichen Spiritualität

## *»Auf dein Wort hin«*
## *(Lk 5,1–11)*

Über das Priestertum ist [seit dem Zweiten Vatikanischen Konzil] sehr viel nachgedacht und auch sehr viel gestritten worden. Es hat sich in alledem lebenskräftiger erwiesen als viele voreilige Argumente, mit denen man es als ein sakrales Missverständnis hinter sich lassen und durch bloß funktionale Dienste auf Zeit ersetzen wollte. Allmählich werden die Voraussetzungen durchsichtig, die solche Argumentationen zunächst fast unwiderleglich erscheinen ließen. Das Überwinden der Vorurteile macht auch wieder ein tieferes Verstehen des biblischen Zeugnisses in seiner inneren Einheit von Altem und Neuem Bund, von Bibel und Kirche möglich, so dass wir nicht mehr auf das Zisternenwasser angewiesen sind, das im Streit der Hypothesen bald versickert, bald wieder sich in dürftigen kleinen Beständen sammelt, sondern den Zugang zum lebendigen Quell des Glaubens der Kirche aller Zeiten finden.

Wenn ich recht sehe, wird es in Zukunft gerade um diese Frage gehen: Wie liest man eigentlich die Schrift? In der Zeit der Gestaltwerdung des Kanon, die als solche auch die Gestaltwerdung der Kirche und ihrer Katholizität gewesen ist, hat allen anderen voran Irenäus von Lyon diese Frage bestehen müssen, in deren Beantwortung sich Möglichkeit oder Unmöglichkeit kirchlichen

Lebens entscheidet. Irenäus hat in seiner Zeit als Prinzip des Christentums der Anpassung und der Aufklärung (der so genannten Gnosis), das die Kirche damals von Grund auf bedrohte, die Zerteilung der Bibel wie die Trennung von Bibel und Kirche erkannt. Dieser fundamentalen doppelten Teilung geht das innere Zerteilen der Kirche in Gemeinden voraus, die sich jeweils durch Auswahl der Quellen ihre eigene Legitimierung schaffen. Der Zerfall der Quellen des Glaubens zieht den Zerfall der Communio nach sich und umgekehrt. Die Gnosis, die das Zerteilen – die Trennung der Testamente, die Trennung von Schrift und Überlieferung, von gebildeten und ungebildeten Christen – als das eigentliche Rationale darzustellen sucht, ist in Wahrheit ein Zerfallsphänomen. Die Einheit der Kirche hingegen lässt die Einheit dessen sichtbar werden, wovon sie lebt, und umgekehrt, sie lebt nur, wenn sie aus dem Ganzen schöpft – aus der vielgestaltigen Einheit von Altem und Neuem Testament, von Schrift, Überlieferung und gläubiger Verwirklichung des Worts. Wenn man sich aber erst einmal der Logik des Zerfalls gebeugt hat, ist im Grunde nichts mehr recht zusammenzufügen.[1]

Es schiene mir indes zur festlichen Freude des heutigen Tages nicht recht zu passen, in den damit angedeuteten wissenschaftlichen Disput einzutreten, der wohl geführt werden muss, bevor man über die Einzelheiten des biblischen Zeugnisses, etwa zum Thema Priester-

[1] Vgl. aus der überreichen Literatur zum Thema Irenäus und Gnosis *H. J. Jaschke,* Irenäus von Lyon »Die ungeschminkte Wahrheit« (Rom 1980).

tum, handelt. Die Freude dieses Tages ist selber so etwas wie ein »theologischer Ort«. 50 Jahre Priestertum sind eine Wirklichkeit, die für sich spricht und die unserem Nachdenken einen konkreten Kontext gibt. So dachte ich, es sei richtig, bei diesem Anlass nicht einen wissenschaftlichen Vortrag über das Priestertum zu versuchen, sondern eher so etwas wie eine geistliche Besinnung, bei der ich ganz ohne Systematik und ohne wissenschaftlichen Anspruch ein paar Schriftstellen meditativ auslegen möchte, die mir persönlich wichtig geworden sind.

## *Spiegelungen des Priesterbildes in den Berufungsberichten Lk 5,1–11 und Joh 1,35–42*

Als ersten Text habe ich Lukas 5,1–11 ausgewählt. Dies ist jene wundervolle Berufungsgeschichte, in der erzählt wird, wie Petrus mit seinen Freunden auf das Wort des Herrn hin nach einer Nacht vergeblicher Arbeit noch einmal auf den See ausfährt. Der große Fischfang geschieht, so dass die Netze beinahe zerreißen; darauf ergeht das Berufungswort: *Du sollst Menschenfischer werden!* Ich liebe diese Geschichte ganz besonders, weil über ihr das Morgendliche der ersten Liebe steht, eines Beginnens voll Hoffnung und Bereitschaft, bei dessen Bedenken das Helle und Frische des eigenen Anfangs immer wieder auf mich zutritt: jene Freude am Herrn, von der wir im alten Psalter zu Beginn der Messe gesprochen haben: »Ich will hintreten zum Altare Gottes, zu Gott, der meine Jugend erfreut« (Ps 42,4) – zu dem Gott, in dessen Nähe die Freude des Jungseins immer neu wird, weil er als das Leben selbst der Quell wirklicher Jugend ist.

Aber kommen wir zum Text! Es wird berichtet, wie die Menschen sich an Jesus herandrängen, weil sie das Wort Gottes hören wollen. Er steht am Ufer des Sees, die Fischer waschen ihre Netze, und Jesus steigt in eines der zwei Boote, die sich da finden, in das Boot des Petrus. Er bittet ihn, ein wenig vom Land abzustoßen, setzt sich dann in das Boot und lehrt. Das Boot des Petrus wird zur Cathedra Jesu Christi. Danach sagt er zu Simon: »Fahrt hinaus auf den See und werft dort die Netze aus.« Eine erfolglose Nacht liegt hinter den Fischern, es scheint sinnlos, jetzt in der Morgenstunde nochmals auf Fang zu gehen. Aber schon ist Jesus für Petrus so wichtig, so maßgeblich geworden, dass er sagen kann: »Auf dein Wort hin tue ich es!« Das Wort Jesu ist realer geworden als das scheinbar empirisch Sichere und Reale. Der galiläische Morgen, dessen Frische man in dieser Schilderung zu atmen glaubt, wird zum Bild für den neuen Morgen des Evangeliums nach der Nacht der Vergeblichkeiten, in die unser eigenes Werken und Wollen immer wieder hineinführt. Als dann Petrus und seine Gefährten mit den gefüllten Booten zurückkommen, deren Beute sie nur gemeinsam hatten bergen können ob der Fülle der Gabe, die ihnen das Netz zerrissen hatte, hat er nicht nur einen äußeren Weg und nicht nur eine Arbeit der Hände hinter sich. Diese Fahrt ist ihm zu einem inneren Weg geworden, dessen Erstreckung Lukas durch eine Rahmung mit zwei Wörtern andeutet. Der Evangelist überliefert uns nämlich, dass vor dem Fischfang Petrus den Herrn angeredet habe mit »Epistata«, was so viel wie Lehrer, Professor, Rabbi bedeutet. Zurückkehrend aber fällt er vor Jesus auf die Knie und sagt nicht mehr »Rabbi« zu ihm, sondern »Kyrie«, das heißt, er gebraucht die Gottesanrede für ihn. Petrus hat den Weg vom Rabbi zum Herrn, vom Lehrer zum Sohn durchschritten. Nach dieser inneren Wanderschaft ist er fähig, Berufung zu empfangen.

Hier drängt sich die Parallele zu Johannes 1,35–42, der ersten Berufungsgeschichte des vierten Evangeliums, auf.[2] Dort wird erzählt, wie die ersten zwei Jünger – Andreas und ein Ungenannter – sich Jesus anschließen, getroffen von dem Täuferwort: *Seht das Lamm Gottes!* Sie sind getroffen einerseits vom Bewusstsein ihrer Sündigkeit, die in diesem Wort aufklingt, wie andererseits von der Hoffnung, die das Lamm Gottes dem Sünder ist. Man kann spüren, wie die beiden noch unsicher sind; ihre Jüngerschaft ist noch zögernd. Sie gehen, ohne etwas zu sagen, vorsichtig hinter ihm; anscheinend wagen sie noch nicht, ihn anzusprechen. So wendet er sich zu ihnen und sagt: *Was sucht ihr?* Ihre Antwort klingt immer noch unbeholfen, ein wenig schüchtern und verlegen, aber sie führt gerade so zum Wesentlichen. *Rabbi, wo wohnst du?*, oder – genauer übersetzt: Wo *bleibst* du? Wo ist dein Bleiben, deine Bleibe, dein Eigentliches, damit wir dort hinkommen? Dabei müssen wir uns daran

2 Für die folgenden Ausführungen zu Joh 1,35–42 verdanke ich die wesentlichen Anregungen *C. M. Martini*, Damit ihr Frieden habt. Geistliches Leben nach dem Johannesevangelium (Freiburg i. Br. $^{3}$1986) 204–209.

erinnern, dass das Wort vom Bleiben eines der prägenden Wörter des Johannesevangeliums ist.

Die Antwort Jesu übersetzen wir gemeinhin: *Kommt und seht!* Richtiger muss es heißen: »Kommt, und ihr *werdet* sehen!« Das entspricht auch dem Schluss der zweiten Berufsgeschichte, derjenigen des Nathanael, dem am Ende gesagt wird: »Du wirst noch Größeres sehen« (1,50). Das Sehendwerden ist also Inhalt des Kommens; das Kommen ist Eintreten in das Gesehensein von ihm und in das Sehen mit ihm. Über seiner Bleibe ist nämlich der Himmel offen, der verborgene Raum Gottes (1,51); dort steht der Mensch in der Helligkeit Gottes. »Kommt, und ihr werdet sehen«, das entspricht auch dem Kommunionpsalm der Kirche: »Kostet, und ihr werdet sehen, wie gut der Herr ist« (Ps 33[34],8). Das Kommen, und nur das Kommen, führt zum Sehen. Das Kosten lässt die Augen aufgehen. Wie einmal im Paradies das Kosten des Verbotenen auf verhängnisvolle Weise die Augen geöffnet hatte, so gilt umgekehrt auch hier, dass das Kosten des Wahren die Augen öffnet, so dass man Gottes Güte sieht. Nur im Kommen, in Jesu Bleibe, ereignet sich das Sehen. Ohne das Wagnis des Kommens kann kein Sehen sein. Johannes notiert dazu: *Es war die zehnte Stunde* (1,39), das heißt eine sehr späte Zeit, in der man meint, eigentlich nichts mehr anfangen zu können und in der sich doch das Unaufschiebbare, Entscheidende, ereignet. Nach einigen apokalyptischen Berechnungen galt dies als die Stunde der Endzeit.[3] Wer

[3] Vgl. *Martini,* a.a.O. 207.

zu Jesus kommt, tritt in das Endgültige, in die Endzeit ein; er rührt die Parusie, die schon gegenwärtige Wirklichkeit der Auferstehung und des Gottesreiches an.

Im Kommen also geschieht das Sehen: Das wird bei Johannes auf die gleiche Weise verdeutlicht, wie wir sie vorher bei Lukas fanden. Auf das erste Wort Jesu hin hatten die zwei ihn als »Rabbi« angeredet. Als sie aus dem Bleiben bei ihm zurückkehren, sagt Andreas zu seinem Bruder Simon: »Wir haben den Christus gefunden« (1,51). Zu Jesus kommend, bei ihm bleibend, hat er den Weg vom Rabbi zum Christus durchschritten, im Lehrer den Christus zu sehen gelernt, und nicht anders als im Bleiben lernt man dies. So wird die innere Einheit zwischen drittem und viertem Evangelium sichtbar: Beide Male wird auf ein erstes Wort hin das Gehen mit Jesus gewagt. Beide Male wird das Experiment des Lebens auf sein Wort hin unternommen, und beide Male trägt sich so der innere Weg zu, der aus Kommen Sehen werden lässt.

*Wir* haben zwar alle schon mit dem vollen Bekenntnis der Kirche zum Sohn Gottes unseren Weg angefangen, aber solches Kommen »auf dein Wort hin«, solches Hingehen in seine Bleibe, ist doch auch für uns Voraussetzung des eigenen Sehens. Und nur wer selber sieht, nicht mehr bloß von zweiter Hand glaubt, kann andere rufen. Dieses Kommen, das Wagen auf sein Wort hin, ist auch heute und immer die unerlässliche Voraussetzung des Apostolats der Berufung in den priesterlichen Dienst hinein. Immer wieder werden wir es nötig haben, Ihn zu fragen: *Wo bleibst du?* Immer wieder wird es nötig sein, von innen her auf Jesu Bleibe zuzugehen. Immer wieder werden wir auf sein Wort hin, auch wo es unsinnig scheint, die Netze auswerfen müssen. Immer wieder gilt es, sein Wort für wirklicher anzusehen, als das uns allein für wirklich Geltende: die Statistik, die Technik, die öffentliche Meinung. Oft wird es uns scheinen, als sei eigentlich schon zehnte Stunde und wir müssten die Stunde Jesu verschieben. Aber gerade so kann es die Stunde seiner Nähe sein.

Noch ein paar weitere Züge sind beiden Erzählungen gemeinsam. Die beiden Jünger bei Johannes lassen sich durch das Wort vom Lamm rufen. Sie haben offensichtlich erfahren und wissen, dass sie Sünder sind. Und das ist für sie nicht irgendeine ferne religiöse Redensart, sondern etwas, was sie von innen her aufwühlt, was Realität für sie bedeutet. Weil sie das wissen, darum wird ihnen das Lamm zur Hoffnung, und darum fangen sie an, ihm nachzugehen. Als Petrus mit dem reichen Fischfang zurückkommt, geschieht etwas ganz Unerwartetes. Er fällt nicht, wie man meinen möchte, Jesus um den Hals ob des guten Geschäfts, sondern er fällt ihm zu Füßen. Er hält ihn nicht fest, um weiterhin einen Erfolgsgaranten zu haben, sondern er stößt ihn von sich ab, weil er sich vor der Macht Gottes fürchtet: »Geh weg, ich bin ein sündiger Mensch!« (5,8). Wo Gott erfahren wird, erkennt der Mensch seine Sündigkeit, und dann erst, wenn er dies wirklich erkennt und anerkennt, erkennt er sich wirklich. So aber wird er wahr. Erst wenn ein Mensch weiß, dass er sündig ist und das Unheimliche von Sünde begriffen hat, dann begreift er auch den Ruf: »Bekehrt euch und vertraut dem Evangelium!« (Mk 1,15). Ohne Bekehrung aber dringt man nicht zu Jesus, nicht zum Evangelium vor. Es gibt da ein paradoxes Wort von Chesterton, das diesen Zusammenhang treffsicher ausdrückt: »Einen Heiligen erkennt man daran, dass er weiß, dass er ein Sünder ist.«[4]

Das Verblassen der Gotteserfahrung zeigt sich heute im Verschwinden der Erfahrung der Sünde und umgekehrt: Das Verschwinden dieses Wissens entfernt den Menschen von Gott. Ohne in eine falsche Pädagogik der Angst zurückzufallen, sollten wir doch auch wieder die Wahrheit des Wortes erlernen: *Initium sapientiae timor Domini.* Die Weisheit, das wirkliche Verstehen, beginnt mit der rechten Furcht des Herrn. Wir müssen sie wieder lernen, um auch die wahre Liebe zu erlernen und um zu begreifen, was es heißt, dass wir Ihn lieben dürfen, und dass Er uns liebt. Auch diese Erfahrung des Petrus, des Andreas, des Johannes ist also eine Grundvoraussetzung von Apostolat und so von Priestertum. Bekehrung – das erste Wort des Christentums – kann nur verkündigen, wer selbst von ihrer Notwendigkeit berührt worden ist und darum die Größe von Gnade begriffen hat.

In den hier sichtbar werdenden Grundelementen des geistlichen Weges des Apostolats zeichnet sich so auch der sakramentale Grundzusammenhang der Kirche und des priesterlichen Dienstes überhaupt ab. Wenn der Sündenerfahrung Taufe und Buße entsprechen, so dem Kommen und Sehendwerden, dem Gehen in die Bleibe

[4] Zitiert bei *Card. Suenens,* Renouveau et puissance des ténèbres. Document de Malines 4 (1982) 60; vgl. zur Sache dort 37–61 sowie *K. Hemmerle,* Das Haus des barmherzigen Vaters (Freiburg i. Br. ²1983) 17–25.

Jesu, das Geheimnis der Eucharistie. Sie ist in einem vordem gar nicht zu ahnenden Sinn Jesu Bleibe bei uns. »Dort werdet ihr sehen« – Eucharistie ist die Stelle, wo das Versprechen an Nathanael gilt, dass wir sehen können, wie der Himmel offen ist und wie Gottes Engel auf- und niedersteigen (Joh 1,51). Jesus wohnt und »bleibt« im Sacrificium, in dem Akt der Liebe, mit dem er sich dem Vater übereignet und durch seine stellvertretende Liebe auch uns zurückgibt an ihn. Der Kommunionpsalm 33, der vom Kosten und Sehen spricht, enthält auch noch das andere Wort: »Tretet herzu, und ihr werdet erleuchtet werden« (33,6) – Kommunizieren mit Christus ist Kommunizieren mit dem wahren Licht, das jeden Menschen erleuchtet, der in diese Welt kommt (vgl. Joh 1,9).[5]

Betrachten wir noch einen nächsten gemeinsamen Punkt der beiden Erzählungen, mit denen wir uns beschäftigen. Der reiche Fischfang zerreißt die Netze. Petrus und die Seinen kommen nicht mehr zu Rande.

5 Die Einheitsübersetzung hat Ps 33(34),6 im Anschluss an den hebräischen Text so übertragen: »Blickt auf zu ihm, so wird euer Gesicht leuchten«, während die Vulgata im Anschluss an die Septuaginta sagt: »Tretet herzu, und ihr werdet erleuchtet«; gerade das »ihr werdet erleuchtet« hat in der Philosophie und Theologie der Väter ein überaus großes Echo gefunden, so dass man diesen Vers in der Septuaginta-Version zu den Herzworten der christlichen Liturgie und Theologie rechnen darf. Hier steht natürlich die Frage nach dem eigenen Rang des griechischen Alten Testaments auf, die neu reflektiert werden muss. Beachtenswertes dazu bei *H. Gese*, Zur biblischen Theologie (München 1977) 9–30, bes. 27ff.; vgl. auch *P. Benoit*, Exegese und Theologie (Düsseldorf 1965) 15–22.

Darauf heißt es: Sie bedeuteten den Gefährten in dem anderen Boot, zu kommen und mit ihnen anzufassen. Diese fassten zu, und sie füllten beide Boote, so dass sie beinahe untergingen (Lk 5,7). Der Ruf Jesu ist zugleich ein Zusammenruf, ein Ruf zum *syllabésthai*, wie es im griechischen Text heißt, zum Miteinander-Anfassen, zum Zusammenhalten und Einander-Helfen, zum Vereinigen der beiden Boote. Dasselbe kommt auch wieder bei Johannes zum Ausdruck. Andreas kann, zurückkommend von der Stunde Jesu, seinen Fund nicht verborgen halten. Er ruft seinen Bruder Simon zu Jesus und desgleichen den Philippus, der seinerseits den Nathanael ruft (Joh 1,41–45). Berufung führt ins Miteinander. Sie stellt in die Jüngerschaft hinein, und sie verlangt das Weitergeben. Zu jeder Berufung gehört auch ein menschliches Element: das Element der Brüderlichkeit, das Angeregtsein vom anderen. Wenn wir über unseren eigenen Weg nachdenken, so weiß jeder, dass der Blitz Gottes nicht direkt in ihn hineinsank, sondern dass irgendwo ein Angeredetsein von Glaubenden her dasein musste, ein Mitgetragenwerden von anderen her. Eine Berufung kann freilich nur standhalten, wenn wir nicht nur von zweiter Hand glauben, »weil der und der es gesagt hat«, sondern wenn wir – geführt von den Brüdern – Jesus selbst finden (vgl. Joh 4,42). Beides gehört unerlässlich zueinander: das Führen, das Anreden, das Mittragen wie das eigene »Kommen und Sehen«. Mir scheint, wir sollten deshalb wieder viel mehr Mut entwickeln, einander anzureden und das Mitgehen auf das Zeugnis anderer hin nicht für gering achten. Das »mit« gehört zur Menschlichkeit des Glaubens. Es ist die eine

Komponente davon. Darin muss dann das eigene Begegnen mit Jesus reifen. Wie das Hinführen und Mitnehmen, so ist daher auch das Loslassen, das Freigeben in das je Eigene des besonderen Rufs hinein wichtig, selbst wenn dies Eigene anders aussieht, als wir es dem Betreffenden zugedacht hätten.

Bei Lukas sind diese Einsichten zu einer ganzen Vision der Kirche ausgeweitet. Die Zebedäus-Söhne Jakobus und Johannes werden da als *koínonoi* des Simon bezeichnet, als seine Teilhaber, muss man wohl übersetzen. Das bedeutet: Die drei werden als eine kleine Fischereigenossenschaft, eine Kooperative mit Petrus als Chef und Hauptbesitzer dargestellt.[6] Jesus ruft zunächst diese Gruppe, die *koinonía* (communio), die Genossenschaft des Simon. In seinem Berufungswort aber wird der profane Beruf des Simon in ein Bild des Kommenden und Neuen umgestaltet. Aus der Fischereigenossenschaft wird die Communio Jesu. Die Christen werden die Communio dieses Fischerbootes bilden, geeint durch den Ruf Jesu, geeint im Wunder der Gnade, das den Reichtum des Meeres nach den Nächten ohne Hoffnung schenkt. Geeint wie im Geschenk sind sie auch in der Sendung.

Bei Hieronymus findet sich eine schöne Auslegung des Wortes von den Menschenfischern, das hierher, in diese innere Umwandlung des Berufes zu einer Vision des Künftigen, gehört.[7] Hieronymus sagt, Fische aus

[6] Vgl. *F. Hauck, koinonós ktl,* in: ThWNT III 798–810, bes. 799, 802, 804.

[7] *Hieronymus,* In psalmum 141 ad neophytos, CChr 78, 544.

dem Wasser herauszuziehen bedeute, sie ihrem Lebenselement zu entreißen und sie dem Tod preiszugeben. Die Menschen aber aus dem Wasser der Welt herauszuziehen bedeute, sie aus dem Todeselement und aus der Nacht ohne Lichter herauszuziehen, ihnen die Atemluft und das Licht des Himmels zu geben. Es bedeutet, sie ins Element des Lebens zu versetzen, das zugleich Licht ist und Sehen der Wahrheit gibt. Licht ist Leben, denn das Element des Menschen, wovon er im Tiefsten lebt, ist die Wahrheit, die zugleich Liebe ist. Der Mensch freilich, der im Wasser der Welt schwimmt, weiß dies nicht. Deshalb wehrt er sich dagegen, aus dem Wasser herausgezogen zu werden. Er glaubt sozusagen, ein gewöhnlicher Fisch zu sein, der sterben muss, wenn er dem Wasser der Tiefe entrissen wird. In der Tat ist das ein Todesgeschehen. Aber dieser Tod führt in das wahre Leben, in dem der Mensch erst wirklich zu sich selber kommt. Jünger sein heißt, sich von Jesus fangen lassen, von ihm, dem geheimnisvollen Fisch, der ins Wasser der Welt, in die Wasser des Todes hinabgestiegen ist; der selbst Fisch geworden ist, um sich zuerst von uns fangen zu lassen, uns Brot des Lebens zu werden. Er lässt sich fangen, damit wir gefangen werden von ihm und den Mut finden, uns mit ihm aus den Wassern unserer Gewohnheiten und Bequemlichkeiten herausziehen zu lassen. Jesus ist Menschenfischer geworden dadurch, dass er selbst die Nacht des Meeres auf sich genommen hat, selbst hinabgestiegen ist in die Passion der Tiefe. Menschenfischer sein kann man nur, wenn man wie er sich selbst daran gibt. Man kann es aber auch nur, wenn man sich auf das Boot des Petrus verlassen darf, wenn man selbst in die Communio

Petri eingetreten ist. Berufung ist keine Privatangelegenheit, kein Verfolgen der Sache Jesu auf eigene Rechnung. Ihr Raum ist die ganze Kirche, die nur in der Gemeinschaft mit Petrus und so mit den Aposteln Jesu Christi bestehen kann.

### *Priesterliche Spiritualität in Psalm 15 (16)*

An zweiter Stelle möchte ich, weil mir sehr an der Einheit der Testamente liegt, nun einen alttestamentlichen Text behandeln, den Psalm 16 (nach der griechischen Zählung 15). Den fünften Vers dieses Psalms haben die Älteren von uns einmal bei der Tonsur, bei der Aufnahme in den Kleriker-Stand, sozusagen als Leitwort des damals Übernommenen gesprochen. Ich muss immer wieder, wenn der Psalm vorkommt (er steht jetzt in der Komplet des Donnerstags) daran denken, wie ich damals versucht habe, im Verständnis dieses Textes zugleich den Vorgang selbst zu verstehen, auf den ich zuging, um ihn dann im Verstehen ausführen zu können. So ist mir dieser Vers ein kostbares Licht geworden, bis heute ein Leitwort für das, was Priestersein bedeutet und wie es sich verwirklicht. Dieser Vers lautet in der Vulgata-Übersetzung: *Dominus pars hereditatis meae et calicis mei. Tu es qui restitues hereditatem meam mihi.* (»Der Herr ist mein Anteil und Becher. Du bist es, der mir meinen Anteil geben wird«.)

Dieser Satz konkretisiert, was vorher im Vers 1 gesagt worden war: »Mein Gut (mein Glück) steht bei dir!« Er tut dies mit einer eigentlich sehr profanen Sprache, in einem ganz pragmatischen und noch gar nicht theologisch scheinenden Kontext, nämlich in der Sprache des Landbesitzes und der Landverteilung in Israel, wie sie im Buch Josua und im Pentateuch geschildert wird.[8] Von dieser Landverteilung der Stämme Israels blieb der Stamm Levi, der Stamm der Priester, ausgenommen. Er erhält kein Land. Von ihm gilt: »Jahwe ist ihr Besitz« (Dtn 10,9; Jos 13,4). »Ich (Jahwe) bin dein Teil und Besitz« (Num 18,20). Dabei handelt es sich zunächst um eine ganz konkrete Unterhaltsregelung: Die Israeliten leben von dem Land, das ihnen übertragen wird; das Land ist ihre physische Existenzgrundlage. Durch den Landbesitz ist dem Einzelnen sozusagen sein Leben zugeteilt. Die Priester allein beziehen ihren Lebensunterhalt nicht aus bäuerlicher Arbeit auf eigenem Boden; ihr einziger, auch physischer Lebensgrund ist Jahwe selbst. Konkret gesagt: Sie leben von ihren Anteilen an den Opfern und von sonstigen kultischen Abgaben – von dem, was Gott übergeben ist und woran sie als Träger des Gottesdienstes beteiligt werden.

So drücken sich hier zunächst zwei Weisen des physischen Lebensunterhalts aus, die aber vom ganzheitlichen Denken Israels her notwendig in eine größere Tiefe führen. Das Land ist ja für den Israeliten nicht nur eine Versorgungsgarantie; es ist die Weise, wie er Anteil erhält an der Verheißung Gottes, die dem Abraham gegeben war, sein Hineinverflochtensein in den von Gott her kommenden Lebenszusammenhang des erwählten Volkes.

[8] Vgl. zum Folgenden *H. J. Kraus,* Psalmen I (Neukirchen-Vluyn 1960) 118–127.

So wird es zugleich Gewähr des Teilhabens an Gottes eigener Lebensmacht. Der Levit bleibt demgegenüber der Landlose und in diesem Sinn der Ungeborgene, aus den irdischen Garantien Herausgestellte. Er ist direkt und einzig auf Jahwe allein und unmittelbar geworfen, wie es in Psalm 22 heißt (Vers 11). Wenn sich beim Landbesitz die Lebensgarantie irgendwie wenigstens vordergründig von Gott ablösen lässt, sozusagen eine selbständige Art von Sicherheit bietet, so ist dies in der levitischen Lebensform nicht möglich. Gott allein ist ganz direkt die Lebensgewähr; auch das irdische, physische Leben steht auf ihm. Wo Gottesdienst nicht mehr wäre, entfiele die Lebensgrundlage. So ist das Leben des Leviten Privileg und Wagnis zugleich. Die Gottesnähe des Heiligtums ist der einzige und unmittelbare Lebensort.

Hier scheint mir nun eine Zwischenbemerkung wichtig. Die Terminologie von Vers 5 und 6 ist ganz klar die Terminologie der Landnahme und der andersartigen Lebenszuweisung an den Stamm Levi. Das bedeutet: Dieser Psalm ist das Lied eines Priesters, der darin die physische und spirituelle Mitte seines Lebens aussagt. Derjenige, der hier betet, hat das gesetzlich Vorgegebene, die äußere Besitzlosigkeit und das Leben vom und für den Gottesdienst, nicht nur im Sinn eines bestimmten Versorgungstypus gedeutet, sondern es auf seinen wahren Grund hin gelebt. Er hat das Gesetz vergeistigt, es auf Christus hin überschritten, gerade indem er seinen eigentlichen Gehalt verwirklichte. Das für uns Wichtige an diesem Psalm ist also zum einen, dass er ein Priestergebet ist, zum andern dies, dass wir hier die innere Selbstüberschreitung des Alten Testaments auf Christus hin, das Zugehen des alten Bundes auf den neuen und so die Einheit der Heilsgeschichte anschauen können. Nicht vom Besitz, sondern vom Kult leben, das heißt für diesen Beter: in Gottes Nähe leben, im inneren Hingehen zu ihm seine Existenz ansiedeln. Hans-Joachim Kraus bemerkt dazu mit Recht, dass hier das Alte Testament Ansätze zu einer mystischen Gemeinschaft mit Gott zu erkennen gibt, die sich aus der Eigenart der Levitenprärogative entfaltet.[9] Jahwe also ist das »Land« des Beters geworden.

Wie das konkret im Alltag aussieht, wird in den nächsten Versen sichtbar. Da heißt es: »Der Herr ist mir beständig vor Augen« (Vers 8). Der Beter lebt demnach in der Gegenwart Gottes; er stellt sich stetig vor sein Angesicht. Der nächste Satz variiert denselben Gedanken, wenn er sagt: »Der Herr steht mir immer zur Rechten.« Mit Gott gehen, ihn an seiner Seite wissen, mit ihm umgehen, ihn anschauen und sich von ihm anschauen lassen – das erweist sich als der innere Gehalt dieser Levitenprärogative. So wird Gott wirklich zum Land, zum Gelände des eigenen Lebens. So wohnen und »bleiben« wir bei ihm. Hier berührt sich der Psalm mit dem, was wir vorhin bei Johannes gefunden haben. Priestersein bedeutet danach: Zu Ihm kommen, in Seine Bleibe, und so sehen lernen; in Seiner Bleibe bleiben.

Wie das geschieht, wird in den zwei nächsten Versen noch fassbarer. Der Beter preist hier Jahwe, dass er ihn »beraten« hat, und er dankt ihm, weil er ihn nächtens

[9] Vgl. *H. J. Kraus*, a. a. O. 123.

»erzogen« hat. Septuaginta und Vulgata denken bei dieser Formulierung offenbar an den physischen Schmerz, der den Menschen »erzieht«. Erziehung wird als ein Zurechtgebogenwerden für das wahre Menschsein aufgefasst, das ohne Passion nicht abgeht. Das Wort Erziehung will dabei umfassender Ausdruck für die Führung des Menschen ins Heil sein, für jenen Prozess der Verwandlung, in dem wir aus Lehm zum Bild Gottes und damit auf ewig gottfähig werden. Die äußere Rute des Zuchtmeisters wird hier durch die Passion des Lebens ersetzt, in der Gott uns führt und uns zum Wohnen bei ihm bringt. Dies Ganze erinnert dann auch an den großen Psalm des Gotteswortes, Psalm 119, den wir jetzt in der *Hora media* die Woche hindurch beten. Er ist geradezu um die Grundaussage der Existenz des Leviten herum gebaut: »Der Herr ist mein Besitz« (Vers 57; vgl. Vers 14). So kehren auch in vielfältigen Abwandlungen die Motive wieder, in denen Ps 16 diese Wirklichkeit auslegt: »Deine Vorschriften … sind meine Berater« (Vers 24). »Dass ich gedemütigt wurde, war gut für mich, denn so lernte ich deine Gesetze« (Vers 71). »Du hast mich gebeugt, weil du treu für mich sorgst« (Vers 75). So erst versteht man die Abgründigkeit der wie ein Refrain den Psalm durchziehenden Bitte: »Lehre mich deine Gesetze!« (Verse 12.26.29.33.64). Wo das Leben so wirklich im Wort Gottes angesiedelt wird, da geschieht es, dass der Herr uns »berät«. Das biblische Wort ist nicht mehr irgendein allgemeiner und ferner Text, sondern spricht ganz unmittelbar in mein Leben herein. Es tritt aus der Distanz der Geschichte heraus und wird ein persönliches Wort für mich. »Der Herr berät mich«; mein

Leben wird nun selbst zu einem Wort von ihm. So wird es wahr: »Du hast mir die Wege des Lebens kundgetan« (Ps 16,11). Das Leben hört auf, ein dunkles Rätsel zu sein. Wir erkennen, wie das geht: leben. Das Leben tut sich auf, und mitten in aller Mühsal des »Erzogenwerdens« wird es Freude. »Lobgesang sind mir deine Worte geworden«, heißt es im Psalm 119 (Vers 54), und hier in Psalm 16 steht es nicht anders: »Mein Herz freut sich und meine Seele frohlockt« (Vers 9); »vor deinem Angesicht herrscht Freude in Fülle, zu deiner Rechten Wonne für alle Zeit« (Vers 11).

Wo solches Lesen des Alten Testaments auf seine Mitte hin vollzogen und das Wort Gottes als Land des Lebens aufgenommen wird, ist von selber die Berührung da mit dem, den wir als Gottes lebendiges Wort glauben. Mir scheint, dass es kein Zufall ist, dass dieser Psalm in der Alten Kirche zur großen Auferstehungsprophetie wurde, zur Schilderung des neuen David und des endgültigen Priesters Jesus Christus. Das Leben zu lernen bedeutet ja nicht, irgendeine Technik zu erlernen, sondern es heißt den Tod zu überschreiten. Das Geheimnis Jesu Christi, sein Tod und seine Auferstehung leuchten auf, wo die Passion des Wortes und seine unzerstörbare Lebenskraft zur Erfahrung wird.

Deswegen bedarf es hier gewiss keiner großen Übertragungen mehr auf unsere eigene Spiritualität. Zum Priestersein gehört von Grund auf so etwas wie die Ausgesetztheit des Leviten, die Landlosigkeit, das Auf-Gott-Geworfensein. Die Berufungsgeschichte Lukas 5,1–11, die wir zuerst betrachtet hatten, schließt nicht umsonst mit den Worten: »Sie verließen alles und folgten ihm nach« (Vers 11). Ohne einen solchen Akt des Verlassens gibt es kein Priestertum. Der Ruf zur Nachfolge ist ohne dieses Zeichen der Freiheit und der Kompromisslosigkeit nicht möglich. Ich meine, dass von hierher der Zölibat als Verlassen eines irdischen Zukunftslandes und eines eigenen familiären Lebensraumes seine große Bedeutung, ja seine Unerlässlichkeit erhält, damit das grundlegende Ausgeliefertsein an Gott bestehen bleibt und konkret wird. Das bedeutet freilich, dass der Zölibat einen Anspruch an die ganze Weise der Lebensgestaltung stellt. Er kann seinen Sinn nicht erfüllen, wenn wir in allem anderen den Besitz- und Spielregeln des heute gewohnten Lebens folgen. Er kann vor allem nicht standhalten, wenn wir nicht positiv das Sich-Ansiedeln bei Gott zur Mitte unseres Lebens machen. Psalm 16 ist ebenso wie Psalm 119 ein nachdrücklicher Hinweis auf die Notwendigkeit des beständigen betrachtenden Umgehens mit dem Gotteswort, das nur so uns Heimstatt werden kann. Der notwendig dazugehörende gemeinschaftliche Aspekt liturgischer Frömmigkeit klingt auf, wenn Psalm 16 vom Herrn als »meinem Becher« spricht (Vers 5). Nach alttestamentlicher Sprechweise wird dies ein Hinweis auf den Festbecher sein, der beim kultischen Mahl kreiste, oder auf den Schicksalsbecher, den Becher des Zorns oder des Heils.[10] Der priesterliche Beter des Neuen Bundes darf darin in besonderer Weise jenen Kelch angesprochen finden, durch den der Herr am Tiefsten unser Land geworden ist: den eucharistischen

[10] Vgl. *H. Groß / H. Reinelt*, Das Buch der Psalmen I (Düsseldorf 1978) 88 f.

Kelch, in dem er sich selbst als unser Leben austeilt. Das priesterliche Leben in der Gegenwart Gottes ist so konkretisiert zum Leben im eucharistischen Mysterium. Zutiefst ist die Eucharistie das Land, das unser Anteil geworden ist und von dem wir sagen dürfen: »Mir ist die Messschnur gefallen auf köstlichen Grund; ja, mein Erbe gefällt mir wohl« (Vers 6).

Hier drängen sich noch zwei Anmerkungen grundsätzlicher Art auf.

## *Zwei grundsätzliche Schlussfolgerungen aus den biblischen Texten*

### *a) Die Einheit der beiden Testamente*

Als besonders wichtig an diesem priesterlichen Gebet des Alten und des Neuen Bundes sehe ich an, dass hier die innere Einheit der Testamente, die Einheit der biblischen Spiritualität und ihrer grundlegenden Lebensvollzüge sichtbar und lebbar wird. Das ist deswegen so bedeutsam, weil ein Hauptgrund für die exegetisch und theologisch motivierte Krise des Priesterbildes die Abtrennung des Alten Testamentes vom Neuen war, deren Beziehung nur noch in der dialektischen Gegensatzspannung von Gesetz und Evangelium gesehen wurde. Es galt als ausgemacht, dass die neutestamentlichen Dienste schlechterdings nichts mit den Ämtern des Alten Testaments zu tun haben. Es erschien geradezu als die unantastbare Widerlegung der katholischen Idee des Priestertums, dass man dieses als einen Rückfall ins Alte Testament darstellen konnte. Christologie bedeute die endgültige Aufhebung allen Priestertums, die Schleifung der Grenzen zwischen dem Sakralen und dem Profanen, die Abkehr auch von der ganzen Geschichte der Religionen und ihrer Idee des Priestertums, so wurde gesagt. Überall, wo sich im Priesterbild der Kirche Zusammenhänge mit dem Alten Testament oder mit dem Vorstellungsgut der Religionsgeschichte darstellen ließen, galt dies als Zeichen für die Verfehlung des Christlichen im Kirchlichen und als Beweis gegen das Priesterbild der Kirche. Damit war man vom gesamten Quellstrom der biblischen Frömmigkeit und der menschlichen Erfahrung überhaupt abgeschnitten und in eine Profanität verbannt, deren verkrampfter Christomonismus in Wirklichkeit gerade auch das Christusbild der Bibel aufgelöst hat. Dies hing wieder damit zusammen, dass man das Alte Testament selber als das Gegeneinander von Gesetz und Propheten konstruierte, wobei man das Gesetz mit dem Kultischen und Priesterlichen identifizierte, das Prophetische mit Kultkritik und mit einer reinen Ethik der Mitmenschlichkeit, die Gott nicht im Tempel, sondern im Nächsten findet. Zugleich konnte man dann das Kultische als das Gesetzliche stilisieren und demgegenüber prophetische Frömmigkeit als Glauben an die Gnade charakterisieren. Mit all dem war dann der Ort des Neuen Testaments im Antikultischen, in der reinen Mitmenschlichkeit festgelegt, und jeder nachträglich doch versuchte Zugang zum Priestertum konnte bei dieser Grundvorstellung zu keinem tragfähigen und überzeugenden Ergebnis führen.

Die Auseinandersetzung mit diesem ganzen Gedankengeflecht muss erst noch geführt werden. Wer den priesterlichen Psalm 16 mit den ihm zugeordneten anderen Psalmen, besonders Psalm 119, betet, dem wird eines auch so ganz augenfällig: Die grundsätzliche Entgegenstellung von Kult und Propheten, von Priestertum und Prophetie bzw. Christologie, fällt ganz einfach in sich zusammen. Denn dieser Psalm ist gleichermaßen ein priesterliches wie ein prophetisches Gebet. In ihm wird das Reinste und Tiefste prophetischer Frömmigkeit deutlich, und zwar als priesterliche Frömmigkeit. Weil es so ist, ist er ein christologischer Text. Weil es so ist, hat die Christenheit ihn in ihrem frühesten Werden als ein Gebet Jesu Christi begriffen, das Christus uns neu zueignet, auf dass wir es neu mit ihm beten dürfen (vgl. Apg 2,25–29). In ihm spricht sich prophetisch das neue Priestertum Jesu Christi aus, und in ihm wird deutlich, wie Priestertum im Neuen Bund von Christus her in der Einheit der ganzen Heilsgeschichte weiter besteht und weiter bestehen muss. Von ihm her kann man begreifen, dass der Herr das Gesetz nicht beseitigt, sondern erfüllt und neu der Kirche übereignet, es in ihr wahrhaft »aufgehoben« hat als Ausdruck der Gnade. Das Alte Testament gehört Christus und in Christus uns. Nur in der Einheit der Testamente kann der Glaube leben.

### *b) Das Sakrale und das Profane*

Damit bin ich schon bei meiner zweiten Anmerkung angelangt. Mit der Wiedergewinnung des Alten Testaments muss auch die Verketzerung des Sakralen und die Mystifizierung der Profanität überwunden werden. Natürlich, das Christentum ist Sauerteig, das Sakrale ist nicht etwas Abschließendes und Abgeschlossenes, sondern etwas Dynamisches. Der Priester steht unter dem Auftrag: »Geht hinaus in die Welt und macht die Menschen zu meinen Jüngern!« (Mt 28,19). Aber diese Dynamik der Sendung, diese innere Offenheit und Weite des Evangeliums lässt sich nicht in die Formel umsetzen: Geht in die Welt und werdet selber Welt! Geht in die Welt und bestätigt sie in ihrer Profanität! Das Gegenteil ist der Fall. Es gibt das heilige Geheimnis Gottes, das Senfkorn des Evangeliums, das nicht mit der Welt zusammenfällt, aber bestimmt ist, die ganze Welt zu durchdringen. Deswegen müssen wir wieder den Mut zum Sakralen finden, den Mut zur Unterscheidung des Christlichen; nicht um abzugrenzen, sondern um zu verwandeln, um wirklich dynamisch zu sein. Eugène Ionesco, einer der Väter des absurden Theaters, hat 1975 dies in einem Interview mit der ganzen Leidenschaft eines suchenden und dürstenden Menschen dieser unserer Zeit ausgesprochen. Ich zitiere ein paar Sätze daraus: »Die Kirche will ihre Kundschaft nicht verlieren, sie will neue Kunden dazugewinnen. Das ergibt eine Art von Verweltlichung, die wirklich jammervoll ist.« – »Die Welt verliert sich, die Kirche verliert sich in die Welt, die Pfarrer sind dumm und mittelmäßig,« – das würde er von den Bischöfen sicher ganz genauso sagen! – »sie sind glücklich, nur Menschen wie alle anderen mittelmäßigen, linken Kleinbürger zu sein. Ich habe in der Kirche einen Pfarrer sagen hören: ›Lasst uns fröhlich sein, drücken wir uns die Hände … Jesus wünscht euch jovial einen schönen, guten Tag!‹ Bald wird man zur Kommunion von Brot und Wein eine Bar einrichten, Sandwiches und Beaujolais reichen. Das scheint mir von unglaublicher Dummheit, von einer totalen Ungeistigkeit zu sein. Brüderlichkeit ist weder Mittelmäßigkeit noch Verbrüderung. Wir brauchen das Außerzeitliche, denn was ist Religion ohne das Heilige? Es bleibt uns Nichts, nichts Solides, alles ist in Bewegung. Wir indessen brauchen einen Felsen.«[11] In diesem Zusammenhang kommen mir auch einige der erregenden Sätze in den Sinn, die in Peter Handkes Stück »Über die Dörfer« stehen. Es heißt da: »Niemand will uns, und niemand hat uns je gewollt … Unsere Häuser sind im Leeren stehende Verzweiflungsspaliere … Wir sind nicht auf dem falschen Weg, sondern auf gar keinem … Wie verlassen die Menschheit ist, wie verlassen die Menschheit ist!«[12]

Ich glaube, wenn man diese Stimme von Menschen hört, die bewusst, lebend, leidend und liebend in der heutigen Welt stehen, dann wird einem sichtbar, dass man dieser Welt nicht mit banaler Betulichkeit dienen kann. Sie braucht nicht Bestätigung, sondern Verwandlung, die Radikalität des Evangeliums.

## *Ein Schlussgedanke: Geben und Empfangen (Mk 10,28–31)*

Zum Schluss möchte ich nur noch einen Text kurz anrühren: Markus 10,28–31. Es ist die Stelle, wo Petrus zu Jesus sagt: »Siehe, wir haben alles verlassen und sind dir nachgefolgt.« Matthäus fügt dazu, was offensichtlich

11 *E. Ionesco,* Gegengifte (München – Wien 1979) 158f.
12 *P. Handke,* Über die Dörfer (Frankfurt a. M. 1981) 94f.

Ziel der Frage ist: »Was also werden wir dafür erhalten?« Über das Verlassen haben wir vorhin schon gesprochen. Es ist als Element apostolischer, priesterlicher Spiritualität unverzichtbar. Wenden wir uns also sofort der Antwort Jesu zu, die erstaunlich ist. Er weist die Petrusfrage nicht etwa zurück, wie man erwarten würde. Er tadelt Petrus nicht, weil er auf Lohn wartet, sondern er gibt ihm Recht: »Wahrlich, ich sage euch: Jeder, der um meinetwillen und um der Verkündigung des Evangeliums willen Haus oder Brüder, Schwestern, Mutter, Vater, Kinder oder Äcker verlassen hat, wird das Hundertfache dafür empfangen: Jetzt in dieser Zeit wird er Häuser, Brüder, Schwestern, Mütter, Kinder und Äcker erhalten, wenn auch unter Verfolgungen, und in der kommenden Welt das ewige Leben« (Mk 10,29f.). Gott ist großmütig, und wenn wir ehrlich in unser Leben hineinschauen, dann wissen wir, dass er jedes Verlassen in der Tat mit 1 : 100 beantwortet hat. Er lässt sich von uns nicht an Großmut übertreffen. Er wartet mit seiner Antwort nicht auf die kommende Welt, sondern gibt schon jetzt das Hundertfache, auch wenn diese Welt dabei eine Welt der Verfolgungen, der Leiden, der Drangsale bleibt. Die heilige Teresa von Avila hat diesen Satz Jesu auf die einfache Formel gebracht: »Gott gibt schon in diesem Leben hundert für eins.«[13] Wir müssen nur den anfänglichen Mut haben, zuerst eins zu geben, wie Petrus, der auf das Wort des Herrn hin morgens noch einmal ausfährt, eins gibt und hundert empfängt.

[13] Libro de vida 22,15; vgl. *U. M. Schiffers,* »Gott liebt beherzte Seelen«, in: Pastoralblatt 34 (1982) 294.

So meine ich, wir sollten den Herrn in all unserer Kleinmütigkeit immer wieder um diesen Mut bitten, um das Vertrauen, um den Glauben, der darin liegt. Und wir sollten ihm danken für die, denen er diesen Mut geschenkt hat und die er uns als Zeichen der Ermutigung gibt, um uns zum Sprung in die Hände seines Erbarmens einzuladen.

Priesterjubiläen sind solche Tage und Anlässe des Dankens. Nicht bloß die Erzdiözese Köln, sondern die ganze katholische Kirche in Deutschland und in der weiten Welt dankt heute Gott, dass er unserem Kardinal Höffner den Mut gegeben hat, auf sein Wort hin auszufahren, das Seinige zu geben. Er hat manche Drangsal darob erfahren müssen, aber doch auch das andere erfahren dürfen – dass der Herr wunderbar zurückgibt …

Neuausgabe 2006



Umschlagmotiv: Fußwaschung © KNA-Bild, Bonn
Umschlaggestaltung: Finken & Bumiller, Stuttgart
Satz: post scriptum, Emmendingen / Hinterzarten
Druck und Bindung: fgb · Freiburger Graphische Betriebe
www.fgb.de

Gedruckt auf umweltfreundlichem,
chlorfrei gebleichtem Papier
Printed in Germany

ISBN-13: 978-3-451-28921-7
ISBN-10: 3-451-28921-0